적정기술이
만드는
아름다운
세상

All rights reserved.

All the contents in this book are protected by copyright law.

Unlawful use and copy of these are strictly prohibited.

Any of questions regarding above matter, need to contact 나녹那碌.

이 책에 수록된 모든 콘텐츠는 저작권법에 의해 보호받는 저작물이므로 무단전재와 무단복제를 금합니다.

나녹那碌 (nanoky@naver.com)으로 문의하기 바랍니다.

적정기술이 만드는 아름다운 세상

펴낸 곳 | 나녹那碌
펴낸이 | 형난옥
지은이 | 유영제
편집 | 김보미
본문디자인 | 김용아
표지디자인 | 유신영
초판 1쇄 인쇄 | 2019년 10월 20일
초판 1쇄 발행 | 2019년 10월 25일
등록일 | 제 300-2009-69호 2009. 06. 12
주소 | 서울시 종로구 평창 21길 60번지
전화 | 02- 395- 1598 팩스 | 02- 391- 1598
지은이 이메일 | yjyoo@snu.ac.kr

ISBN 978-89-94940-89-2 (93400)

이 도서의 국립중앙도서관 출판예정도서목록(CIP)은 서지정보유통지원시스템 홈페이지(http://seoji.nl.go.kr)와 국가자료종합목록 구축시스템(http://kolis-net.nl.go.kr)에서 이용하실 수 있습니다. (CIP제어번호 : CIP2019041367)

적정기술이 만드는 아름다운 세상

국경없는과학기술자회

유영제 교수의

적정기술현장탐방기

머리말

2009년에 '국경없는과학기술자회'가 만들어지고 이듬해에 국제학술회의를 개최했다. 100명은 오겠지 하고 잘 나가는 NGO의 부회장에게 축사를 부탁했다. 오전 10시가 되어 시작해야 할 시간이었는데 청중은 20명도 안 왔다. 축사하러 온 분에게 미안하기도 하고 부끄러웠다. 그 날 하루 참석자는 100명 정도 됐지만, 깊이 생각을 못 했던 사건이었다. 해마다 한 번은 같은 학술회의를 개최했다. 점차 소문이 나서 참석자 수가 꾸준히 늘어났다. 2014년 가을부터는 시작 무렵 200명이 왔고, 하루 500명 정도가 참석했다. 지금은 이틀간 하는데, 1000명 가까이 참석한다. 좋은 일 하고자 하는 관심이 점점 더 늘고, 우리 모임에 대한 인지도도 계속 커지니 좋은 일이다.

오래전부터 유엔, 미국, 유럽, 일본 등에서는 개발도상국, 저개발국을 지원하려고 막대한 예산을 써 왔다. 그 결과로 세계 빈곤 비율은 약간 감소했다는 보고서는 있지만, 겉으로는 그리 크게 달라진 것은 없는 듯하다. 우리나라는 원조를 받던 나라에서 주는 나라로 변화돼 이제는 가난한 나라를 도와주고 있다. 어느 나라를 어떻게 도와주면 좋을까를 생각하는 이가 많아졌다.

저자도 몇 년 전에 어느 나라를 방문하면서 그런 생각을 하고 자료를 찾아보았다. 인터넷으로 그 나라에 대한 일반적인 내용은 파악할 수 있었다. 그러나 지금 무엇이 문제고 어떤 단체에서 어떤 일들을 하는지, 그렇게 하는 것이 잘하는 것인지, 어떤 일을 어떻게 하면 좋은지에 대한 내용은 찾아보기 어려웠다. 그런 내용을 담은 보고서 country report나 자료가 있으면 좋을 텐데 하는 생각을 하고, 필요하다고 이야기해오고 있다. 그런 보고서를 국가별로 제대로 작성하려면 오랜 시간과 큰 노력이 필요하다. 아쉬운 대로, 지난 10년간 보고 들으면서 느낀 저자의 경험을 정리했다. 관심있는 이들에게 도움이 되기를 기대한다.

제1부는 10개국 탐방기로, 방문하면서 느낀 점 등을 기술했고, 제2부에서는 물, 에너지, 집, 농업, 교육의 이슈별로 주요 내용을 다루었다. 그동안 알게 된 단체 등에 대한 소개와 생각해야 할 이슈 들을 각 장의 뒷부분에 소개했다. 저자보다 경험이 많고 오랫동안 중요 이슈를 생각해 온 이가 많다. 그래서 저자의 10년 경험을 공유하는 것은 초보적인 수준일 수 있다. 그래도 10년의 경험과 생각이라도 공유하는 것이 좋을 듯하여 기록으로 남긴다. 정년퇴임 기념으로 만든 자료집의 내용을 일부 가져오고 새로운 내용을 추가했다.

이 책은 논문도 아니고 교과서도 아니다. 적정기술 관련 어느 한 사람의 경험과 생각을 담은 책이다. 그래도 여러 측면에서의 시각을 담은 종합적인, 탐방기다. 소외되고 낙후된 지역의 시급한 이슈들, 교육과 인프라, 공무원과 국가의 정책, NGO의 노력 등 다양한 레벨에서의 이야기가 있다. 물론 과학기술에 대한 이야기도 있다. 읽으면서 가난한 나라의 문제를 공유하고, 해결책에 관심을 갖고 같이 참여하기를 기대한다.

지금까지 국경없는과학기술사회의 활동을 같이한 동료들과 도움 준 이들에게 감사드린다. 원고를 읽고 조언해 준 신선경 교수, 이경선 박사, 국경없는과학기술자회 박상희 팀장, 딸 신영 등에게 고마움을 표한다. 그리고 좋은 일을 늘 응원해 준 아들 찬우가 잘 지내기를 바란다. 이책의 출판을 쾌히 승낙하신 나녹 대표와 관계자에게도 감사드린다.

2019년 8월
지은이

차례

머리말 5

1. 현장 탐방기

필리핀 10
캄보디아 24
미얀마 38
라오스 50
베트남 66
인도네시아 74
우즈베키스탄 84
에티오피아 98
부르키나파소 108
탄자니아 120

2. 중요한 이슈

물 134
에너지 144
집 152
농업 158
교육 164

에필로그 172
참고자료 178
찾아보기 179

기관/단체 소개

1. 적정기술학회
2. 굿네이버스
3. 라파엘
4. 에너지지원센터
5. 과학기술ODA
6. 사회공헌교수회
7. 공적개발원조
8. 기업의 사회적 책임
9. 가나안
10. 사회적기업

많이 사용되는 약어

KOICA (Korea International Cooperation Agency) 한국국제협력단
NGO (Non-Government Organization) 비정부단체
NPO (Non-Profit Organization) 비영리단체
ODA (Official Development Assistance) 공적개발원조
CSR (Cooperate Social Responsibility) 기업의 사회적 책임
SDG (Sustainable Development Goals) 지속가능한 개발목표
MDG (Millennium Development Goals) 새천년 개발목표

1
현장 탐방기

지난 십 년간 여러 곳을 방문하고 탐구했다. 그중에서 10개국을 골라 적정기술과 관련된 탐구 내용, 소감 등을 정리했다. 물, 에너지, 농업 등이 주요 주제지만, 그 밖에도 교육 등 관련되는 이슈를 정리하고 의미있는 방문지를 언급했다. 이런 일과 관련한 기관, 단체 등도 소개했다.

필리핀 *Philippines*

필리핀은 7천여 섬으로 된 나라다. 태평양의 섬나라지만 한때는 우리보다 잘 살았다. 1950년 한국전쟁 때 우리나라에 파병했으며 그 후에 장충체육관 등 건물도 지어주었다. 지금은 부정부패 등으로 경제발전이 부진하여 형편이 어렵다. 마닐라는 필리핀의 수도고 국제적인 도시다. 그곳에 아시아개발은행 등 여러 국제기구와 기업이 자리 잡고 있다. 필리핀에서는 총기 소지가 합법적인데 그래서인지 가끔 여행자가 납치되거나 살해되는 뉴스를 접한다. 특히 민다나오섬은 이슬람 반군이 장악한 위험 지역으로 여행에 제약이 있다. 그런데도 필리핀으로 봉사하러 가는 이가 많다. 세부, 보라카이 같은 관광지는 세계적으로 유명하고 누구나 한 번쯤 가보고 싶어하는 곳이다.

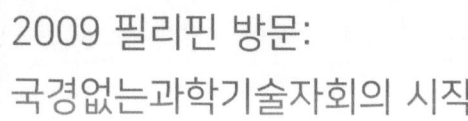

2009 필리핀 방문:
국경없는과학기술자회의 시작

오래전부터 필리핀에 관심이 있었다. 그곳 대학은 어떤지, 은퇴 후에 거기로 많이 살러 간다는데 어떤 곳인지, 선교사가 필리핀에 많이 가 있다는데 거기서 무슨 일을 하는지 등등 궁금한 게 많았다. 그래서 마닐라에 있는 필리핀대학, 세부에 있는 산칼로스대학을 방문하기로 했고, 아는 분에게 부탁해 그 지역에 거주하는 한국인을 만나기로 했다.

우선 마닐라를 찾았다. 마닐라에서 필리핀대학교 University of Philippines 를 방문하고, 거기서 남쪽으로 2시간 떨어진 시골에 갔다. 천명(1000명)선교회를 방문하여 담당 목사님을 만났다. 천명선교회는 어느 기독교 교단에서 선교사 1000명을 전 세계에 파송하겠다는 원대한 포부를 갖고 선교사를 훈련시키는 곳이다. 설명을 듣고 현장을 보여달라고 했더니, 가까운 농촌 마을 선교지를 보여주었다.

선교사는, 그곳 농촌에 피부병 걸린 사람이 많은데 치료비가 비싸서 병원 갈 처지는 못 되니 한국에서 피부연고제를 가져가 발

● 국경없는과학기술자회 창립대회 (2009.12)

라주고 피부병을 낫게 한다. 그러면 이튿날 목사가 가서 같이 예배하고, 그렇게 선교한다고 했다. 필리핀 사람은 대부분 가톨릭 신자인데 왜 개신교에서 관심을 갖느냐고 물어보았다. 가톨릭 신자기는 하지만 1년에 한 번 정도 성당에 갈까 말까 한 상황이라는 것이다. 그러면 가톨릭이든 개신교든 근본은 같으니, 교회 목사가 그들의 친구가 되어주는 것은 잘하고 있는 것이라고 했다. 그러고서는 왜 피부병에 걸리는지 물어보았다. 물이 더러워서 그렇다고 했다. 그러면 물을 깨끗이 해주어야 하는게 아닌가라고 저자의 생각을 이야기했다. 귀국하여 그런 이야기를 연세대 문일 교수에게 하니, 국내에 좋은 일을 하는 이가 몇몇 있다고 한다. 그래서 어느 날 모여서 이야기를 나누었다. 그 후 물water을 주제로 심포지엄을 하기로 했다. 물 심포지엄을 하면서 이런 일을 혼자 하지 말고 같이하고 여럿이 힘과 지혜를 합하면 좋을 것이라는 생각이 들었다. 그래서 모임을 만들기로 하고 명칭을 논의했다. 그러다가 국경없는의사회 하면 떠오르는 이미지가 있으니, 우리도 '국경없는과학기술연구회'로 하면 좋겠다는 제안이 나오고 그 자리에 참석한 이 모두 좋다고 했다. 이것이 '(사)국경없는과학기술자회'가 탄생한 배경이다. 첫해에는 연구회로 출발하였다가 이듬해에 이름을 바꾸고 사단법인으로 등록했다.

저자는 공과대학의 교수라는데 자부심이 있다. 학생교육을 통하여 훌륭한 인재를 키워내고 연구를 통하여 사회에 도움이 되는 결과를 창출하니 자부심이 생긴다. 우리 인류의 과제는 질병에서 벗어나는 것, 배고프지 않고 사는 것, 에너지를 얻고 환경을 보전하는 일을 하는 것 등, 이것이 공과대학의 기본 임무기도 하니 자부심이 있었다. 그런데 필리핀 농촌에서 들은 이야기는 시급하게 해결해야 할 상황이 있고 그러한 시급한 일에 관심을 갖는 것이 중요함을 느끼게 해준 것이다. 장기적인 관점에서 건강, 식량, 소재, 에너지, 환경 관련 연구도 중요하지만, 가난한 이들을 위해 시급하게 물과 에너지 문제 등을 해결하는 것도 중요한 것이다. 거기에는 정부의 영향력이 잘 미치지 못하고 있기 때문이다. 도시 근처에는 상수도가 있어 마실 물 걱정을 하지 않고 송전선이 있어 전기 에너지도 사용할 수 있지만, 시골에는 마실 물과 에너지가 문제다. 정부가 예산을 확보하여 오지까지 물과 에너지를 공급하기까지는 시간이 걸린다. 그러므로 그때까지는 누군가가 보살펴야 한다.

필리핀 농촌 방문

상지대학교 이호용 교수(미생물학 전공)와는 오래전부터 친하게 지냈는데, 이호용 교수가 가나안세계지도자교육원 일에 많이 참여한다고 하여 여러 번 만났다. 그리고 2010년에 같이 필리핀에 있는 가나안센터를 방문했다. 마닐라에서 북쪽으로 차로 2시간여 달려 도착했다. 시골에 넓게 자리 잡고 있었다. 숙소, 밭, 돼지와 닭 축사 등이 자리잡고 있었다

가축 키우기   그곳 가나안센터에서는 지역사회 발전을 위하여 노력을 하고 있다. 닭과 돼지를 키우고 유기농으로 농사를 지으면서

● 양계장. 성장 단계별로 닭을 옮겨 키우다가 출하한다.

● 젊은 촌장(가운데 빨간 셔츠)과 같이

● 삼파귀타. 졸업식, 생일 등에 축하용으로 사용

주위 농촌지도자들에게 관련되는 교육을 하고 있었다. 지도자 교육을 강조하고 있다. 지도자가 바로 서면 마을이 발전한다는 생각이다. 정신교육, 가축 키우기, 친환경농업 기술 등을 교육한다.

우리나라의 경우 돼지 축사에서 나오는 분뇨가 하천오염의 주범이라 여러 방법으로 개선하려고 하고 있다. 분뇨가 함유된 폐수를 생물학적으로 처리하려고 노력하기도 했고 최근에는 다양한 방법이 시도되고 있다.

그런데 생각해보면 분뇨는 유기물로 되어있다. 그래서 이를 잘 활용하면 퇴비도 되고 사료도 된다. 가나안센터에서는 돼지 분뇨에 톱밥을 섞어주고 발효시키니 사료가 되고 그러면 사료비가 상당히 줄어들어 1석2조라고 했다. 이럴 수도 있구나, 감탄했다. 미생물 전공 전문가의 매직이라고 느꼈다.

가나안센터 분들과 같이 시골 마을 촌장을 방문했더니 열심히 일하고 싶은데 무엇을 하면 좋은가 하고 우리에게 질문했다. 마을에서 집집마다 삼파귀타sampaguita를 재배하는데, 학교 졸업식, 생일 등의 경우에 축하 선물용으로 일부 팔리지만 꽃값이 싸서 경제적으로 그리 도움이 되지 않는다고 했다. 삼파귀타는 필리핀의 국화로 향기가 아주 좋은 것으로 알려져 있다. 유사한 일랑일랑YlangYlang 꽃은 프랑스의 샤넬 No. 5 향수에 사용된다고 하니 향을 추출하는 방법을 생각해 볼 필요가 있다고 했다. 향을 추출하여 향수로 팔거나 비누, 샴푸, 로션 등에 그 향을 첨가하여 팔면 좋겠다고 했다. 시간이 지난 후 그 아이디어는 실행됐다고 들었다.

샌드필터 이야기   우리가 방문하기 1년 전에 우리나라에서 간 봉사팀이 샌드필터● 20개를 만들어 마을에 주었다. 시골의 깨끗하지 못한 물을 샌드필터에 통과시키니 깨끗한 물이 되어 봉사팀이 그 물을 마시며 자축했다고 한다. 1년이 지난 후 그 마을을 방문하니 한두 집이

● 논에서 빗물 받는 모습

- 샌드필터sand filter : 모래, 자갈, 숯 등을 충전한 여과장치, 물속의 부유물질은 충전물질에 흡착되어 제거된다. 시간이 지나면 충전물질에 미생물 막이 형성되어 물속의 유기물을 분해하는 역할을 한다.

샌드필터로 물을 정수하고 나머지 집은 사용하지 않는 것을 알았다. 정말 깨끗한 물이 얻어지는지 확신이 서지 않아 사용하지 않는 경우와 고장이 나서 사용하지 않는 경우 등이었다. 그래서 마실 물을 얻기 위해 읍내로 들어가 물을 사 오거나 길어오는 집이 대부분이었다. 그래도 오토바이 정도는 있으니 물을 가져오기는 힘들지 않은 듯했다. 어느 집에 가니 논밭에 비닐로 만든 무엇인가가 있어 무엇이냐고 물었더니 빗물 받는 것이라고 했다. 빗물은 깨끗하니 식수로 사용한다고 했다. 정부 예산이 부족하여 도심에서 상수도관을 끌어와 수돗물을 보급하는 것이 어려울 경우 마을 단위로 적절히 마실 물 문제를 해결하고 있었다.

대나무집 시골 마을을 방문했는데, 대부분이 대나무로 집을 지었다. 대나무가 근처에 많으니 대나무로 집 짓기가 어렵지 않고 다른 재료로 짓기보다 돈도 덜 드니 대나무집이 많았다. 그런데 대나무집 수명은 3~4년밖에 안 되니 그 안에 집을 새로 지어야 한다.
대나무로 얼기설기 지어 바람 잘 통하고 나뭇잎으로 지붕을 엮어 놓으면 비는 새지 않아 더운 지역에서 살기 좋은 집으로 보였다. 읍내에 가보니 그곳에는 시멘트 집을 짓고 있었다. 돈 있는 이들은 시멘트 벽돌집을 짓는다고 했다. 한번 지어 놓으면 오래가니 장점이 많다. 우리나라도 오래전에는 초가에 살았고, 그 후에는 시멘트 벽돌집을 좋은 집으로 쳤던 시절이 생각났다.

집단이주마을 방문

마닐라 시내에서 이철용 목사를 만났다. 마닐라 시내 빈민촌 거주민을 도시 개발이라는 명분으로 마닐라 외곽으로 보내고 시내에는 현대식 건물을 지은 것이다. 1970년대 우리나라에서 서울 빈민촌 주민을 경기도 성남으로 이주시킨 경우와 유사했다, 도시화에 따른 현상이다. 빈민촌 거주민은 강제로 도시 외곽으로 이주되어 새로운 마을을 형성하여 살아갔다. 그런데 거기에 문제가 있었다. 마닐라 시내에 살 때는 일거리가 있어서 먹고 살 수 있었는데, 타워빌이라는 이주처에는 일거리도 없고 마닐라 시내까지 2시간 이상 걸리니 일하러 가기도 쉽지 않았다. 그러니 가난한 이들은 더 가난해졌다. 이러한 상황을 본 목사 한 분이 그 마을에 들어가 몇 가지 좋은 일을 하고 있다고 하여, 지인의 소개로 그곳을 방문했다.

몇천 가구가 사는 동네니 여러 가지가 불편하고 문제가 많았다. 우선 마을의 위생이 나쁜데 병원도 근처에 없어 마을 가운데에 보건소를 만들어 치료를 해주고 있었다. 다음에는 일자리를 만들어 주려고 조그만 건물을 짓고 재봉틀을 들여와 마을 아낙네들이 그걸로 간단한 옷을 만들어 팔게 했다. 교육도 중요하니 마을회관을 만들어 컴퓨터 교육 등을 시키고 있었다. 집 앞에 작은 텃밭을 만들어 채소를 직접 재배하여 먹게 했다.

이러한 일을 하는 NGO(www.icamp.asia)는 2007년에 1인 NGO로 출발하여 현재 10년이 지났다. 이철용 목사가 잠시 필리핀을 방문했다가 이런 상황을 보고 몇몇이 주머니를 털어 사업을 시작했는데 이제는 다양한 사업을 하고 있다는 것이었다. 봉제센터(브랜드: Hugall)라는 사회적기업, 유치원 사회적기업, 직업훈련센터, 지역민 역량강화교육사업, 도서관 운영, 건강 먹거리 출시, 소상인판매자 협동조합, 클리닉병원 등 수많은 사업을 하고 있었다. 이제는 주민들과 함께 하는 공동체 가족이었다.

대학 방문

산칼로스대학 세부Cebu에 있는 산칼로스San Carlos대학을 찾았다. 300년 전 스페인인이 처음 온 곳이 세부고, 대학을 설립하게 된, 필리핀에서 제일 오래된 대학이다. 강의실, 실험실 벽에 성모마리아 그림이 걸려있고 기도 시간을 알리는 종소리가 대학 캠퍼스에서 들리니 매우 낯설게 느껴졌다.

공대 화학공학과를 방문했다. 화학공학과이지만 주위의 환경과 여건을 고려하여 생물화학공학으로 특화를 했다고 하는데 매우 잘했다고 생각됐다. 주위에 바이오자원이 많고 해양자원도 많다. 하수와 폐수에 함유된 질소, 인 등이 환경에 영향을 미치는데 이러한 성분은 생물학적 처리가 가장 좋다는 기술의 추세도 고려했다고 했다.

오래전에는 네덜란드대학에서 그 대학을 지원하여 네덜란드로 가서 박사 공부를 했는데 이제는 지원이 끝났단다. 그곳의 학과장이 한국이 잘 살고 수준도 높으니 도와주면 좋겠다는 뜻을 전해왔다. 교수진 중에 카밀라Yagonia Camila가 가장 어리지만 똑똑해 보였다. 그래서 서울대에서 박사과정을 하도록 했고 2015년 2월에 공학박사 학위를 받았다. 그 후 필리핀으로 귀국하여 다시 교수로 재직하고 있다. 카밀라는 저자에게 결혼소식을 알려 왔다. 한국

● 신랑, 신부와 신부 부모

에서 만난 남자와 결혼한다고 했고 결혼식에 저자를 대부Godfather의 한 명으로 초청했다. 필리핀 결혼 풍속은 우리와는 다르게 여러 명의 대부, 대모가 같이 들러리를 서서 입장한다. 저자도 대부 아닌 대부로서 들러리를 서서 입장했다.

라살대학   마닐라 시내에 라살대학La Salle University이 있다. 필리핀에서 가장 좋은 사립대학이다. 대학에 들어가려면 보안검사security check를 받는다. 호텔에 들어갈 때도 보안검사를 받는다. 그만큼 치안이 걱정되는 모양이었다.

대학에 가니 지역개발부서가 있어 그곳 책임자를 만났다. 필리핀이 가난하니 가난하고 어려운 곳은 대학에서 도와주어야 한다고 하면서 학과별로 지역사회 봉사를 강조하고 있었다. 그것이 지식인의 역할이며, 소외되고 가난한 이웃을 생각하는 것에서부터 사회가 좋아진다는 생각이었다. 그러면서 내게 학과별 지역사회개발 프로젝트 목록을 보여주었다. 우리는 나눔과 배려를 강조하지만 결국은 개인이나 집단의 선택에 맡겨둔다. 나눔과 배려를 더 강조할 필요가 있다고 생각한다.

라살대학 화학공학과 교수에게서 여러 봉사 활동 이야기를 들었다. 그중의 한 가지는 고산족에 대한 것이다. 필리핀에는 도심에서 멀리 떨어진, 높은 곳에 사는 부족인 고산족이 많이 있다. 그들은 그들끼리 공동체를 형성하여 살며 문명의 혜택을 많이 누리지 못하고 산다. 높은 산에 밤이 되면, 따뜻한 필리핀이지만, 매우 춥다. 그러면 추위를 이기기 위하여 술을 마신다. 술은 쌀로 만든다. 그러니 쌀이 부족하여 배를 곯는다. 교수들은 이러한 사실을 알자, 술을 마시지 말라고 할 수는 없어서 쌀 대신 다른 방법으로 술을 담그는 방법을 알려주었다. 과일이나 나무 열매 같은 것으로 담그는 것이다. 그 이야기를 듣고 이것이 바로 '적정한 기술'이구나 하는 생각이 들었다.

적정기술학회

국경없는과학기술자회 활동을 하다 보니 몇 이슈가 생기기 시작했다. 대전의 과학기술자가 중심이 되어 만든 '나눔과기술'과의 협력이 필요하게 되었다. 경쟁 상대가 아니라 좋은 일을 같이하기 위한 동료로서 소통 창구가 필요했다. 정부에서도 NGO보다는 학회가 사업을 같이하는 것이 편한 모양이었다. 그러던 어느 날 윤제용 교수가 학회를 만들면 어떠냐고 했다. 그래서 약간의 애로사항을 해결하고 발전적인 일을 할 수 있는 학회를 만들기로 했다. 2015년 2월 '적정기술학회Academic Society of Appropriate Technology'가 설립됐다.

초대 회장으로는 '나눔과기술'을 대표하는 포항공대의 장수영 교수와 국경없는과학기술자회를 대표하는 서울대의 윤제용 교수가 공동으로 맡았다. 국제컨퍼런스를 주관하고, 학술지를 발간하고, 도서를 출판하는 등 다양한 활동을 한다. 지금은 서강대의 신관우 교수가 2대 회장이다.

● 적정기술 학술지

캄보디아 *Cambodia*

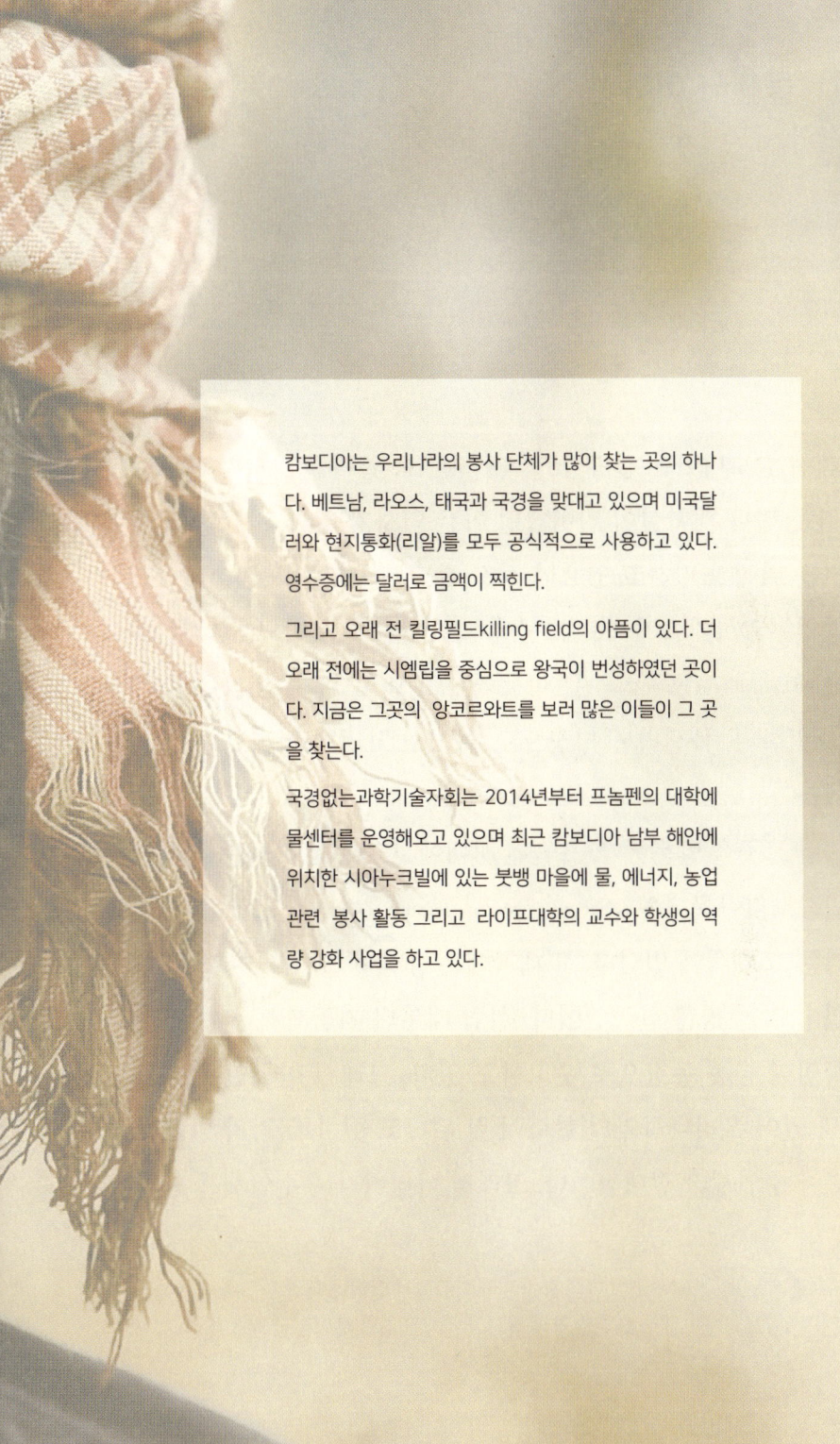

캄보디아는 우리나라의 봉사 단체가 많이 찾는 곳의 하나다. 베트남, 라오스, 태국과 국경을 맞대고 있으며 미국달러와 현지통화(리알)를 모두 공식적으로 사용하고 있다. 영수증에는 달러로 금액이 찍힌다.

그리고 오래 전 킬링필드killing field의 아픔이 있다. 더 오래 전에는 시엠립을 중심으로 왕국이 번성하였던 곳이다. 지금은 그곳의 앙코르와트를 보러 많은 이들이 그 곳을 찾는다.

국경없는과학기술자회는 2014년부터 프놈펜의 대학에 물센터를 운영해오고 있으며 최근 캄보디아 남부 해안에 위치한 시아누크빌에 있는 붓뱅 마을에 물, 에너지, 농업 관련 봉사 활동 그리고 라이프대학의 교수와 학생의 역량 강화 사업을 하고 있다.

물센터 이야기

 오래전 캄보디아는 킬링필드Killing Fields로 알려진 것처럼 지도자를 잘못 만나 대학살이 일어났던 아픈 역사가 있다. 지금은 국가 발전을 위해 노력하고 있으나 성장 속도는 늦다는 느낌이다. (사)국경없는과학기술자회도 그곳에 과학기술부 사업의 하나로 물센터iWC, Intelligent Water Center를 만들어 그곳의 물 문제 해결을 하려고 노력한다. 물센터 센터장으로 최의소 고려대 명예교수가 수고했다.

2019년 그곳을 방문했다. 프놈펜 시내에서 자동차로 50분을 가니 국립캄보디아공대NPIC, National Polytechnic Institute of Cambodia가 있는데, 물센터는 그 대학에 있었다. 그 대학에는 총장이 둘이다. 한 명은 현지인이고 한 명은 한국인이다. 설립 때부터 지금까지 십여 년간 한국인이 공동 총장으로 수고하고 있다. 그래서 한국인 교수도 몇 명 있어 우리나라와의 협력이 잘 된다고 했다. 국가가 발전하려면 우수인재가 절대적이다. 그래서 나라마다 우수인재를 육성

- 킬링필드killing field : 1970년대 중반 캄보디아에서 일어난 대량 학살을 의미하는 용어. 캄보디아 크메르 루주 정권 때 대학살로 생긴 집단 무덤을 말한다.

● 국립캄보디아공대 본관 건물

하려고 교육에 많은 투자를 한다. 특히 몇 대학을 중점 지원 육성한다. 국가의 재정이 넉넉하지 않으면 차관을 얻어서라도 투자를 한다. 그런데 대개 건물을 짓고 실험 기자재 등을 구입하는 데 투자한다. 교수와 학생에게 투자하는 돈은 얼마 되지 않는다.

교수를 훈련시키고 우수한 자질의 학생에게 장학금을 주어 국가의 인재로 만드는 데 투자하는 돈은 적다. 그러다 보니 10~20명이나 되는 한 학과의 교수 중에서 박사 학위 소지자는 1~2명에 불과하고 아예 석사학위 소지자만 1~2명인 학과도 있다. 그러면 우수 인재 양성이 어려우니 단기적으로는 외국에서 교수를 초빙하여 학생 교육을 해야 한다. 최근 인도네시아, 에티오피아 등에서는 그렇게 하기 시작했다. 월급을 현지 교수 월급의 10~20배씩이나 주고 세계적인 학자를 모신다. 그렇게 투자를 한다. 캄보디아는

● 물센터 간판

아직 그렇게까지 하지 못하는 듯했다. 그래서 외국 사례를 설명해주고 우리나라의 BK-21사업●도 설명해주었다. 우리나라도 우수인재를 양성하기 위하여 BK-21사업 등을 하여 우수한 대학원생에게 장학금을 지원하는 등 글로벌한 인재로 키우기 위하여 큰 투자를 했고 그것이 최근 우리나라 대학의 세계적인 평가가 좋아지고 있는 주원인이라는 걸 알려주었다.

물센터에 근무하던 이현철 단원의 안내를 받았다. 이현철 단원은 환경공학을 전공하고 비료회사에 근무했다. 캄보디아에 방문했

● BK-21사업 : Brain Korea -21사업. 우리나라 대학의 연구역량을 강화하고 우수인재를 양성하기 위한, 특별히 대학원을 발전시키기 위한 정부사업

다가 새로운 세상을 발견하고 TPC●●단원이 되어 캄보디아 물센터에 근무하게 되었다. 물센터에서는 정수 시설, 하수처리, 정화조 등 물과 위생과 관련된 환경 기술을 개발해 보급했다. 정수 시설의 경우, 호기성플록(침강성 미생물을 이용하는 정수 기술) + 샌드필터 + 염소소독 장치가 연결된 기술로, 처리 효율은 물론 사용자의 신뢰가 높아 여러 군데 보급됐다.

이현철 단원은 현지에서 물로 고생하는 시골 마을에 마실 물 시설을 해주는 데는 기술뿐 아니라 현지 지역사회 문화의 이해, 지속가능하도록 사업화할 수 있는 아이디어 모두 필요하다는 점을 강조했다.

굿네이버스 캄보디아지부 방문

굿네이버스Good Neighbors는 20년쯤 된 해외 원조단체다. 현재 연간 1800억 원 정도의 예산으로 활동한다. 우리나라에 있는 해외 원조단체 중에서 월드비전World Vision 다음으로 예산 규모가 크다. 캄보디아에만 8개의 사업장이 활동을 잘 하고 있다고 하여 프놈펜에 있는 지부 사무실을 방문했다. 지부장과 1시간 가량 대화를 나누었다.

수도 프놈펜과 인근 지역은 그래도 상황이 나은 편이라 캄보디아 외곽의 태국 국경에 인접한 농촌 마을, 산악지대 소수민족 마을,

●● 미국의 평화봉사단Peace Corp과 같은 개념으로 우리나라에서 만든 기술기반 평화봉사단Techno Peace Corp.

수상가옥 마을, 쓰레기 매립지 인근 마을을 택하여 봉사 활동을 하고 있었다. 이 마을의 공통점은 마실 물이 없다는 것, 에너지가 부족하다는 것, 농업 생산물을 팔기가 어렵다는 것이다.

캄보디아는 물은 풍부하나 식수는 부족하다. 오래전에는 집에 물항아리를 몇 개 두고 그것에 물을 보관했다. 첫 번째 항아리에서 물속의 찌꺼기가 가라앉으면 다음 항아리로 옮기고 이렇게 몇 번 항아리를 옮기면 부유물질이 없는 깨끗한 물이 된다고 생각하고 식수로 사용하였다. 그런데 물속에 유기물질이 있으면(물에 용해되어 가라앉지 않는다.) 세균 등이 번식하여 식수로는 문제가 있다. 몇 년 전에는 도자기 모양의 세라믹 필터 Ceramic Filter가 대체 제품으로 소개됐으나 처리 용량에 한계가 있어 가정 식수용으로 사용될 뿐 더 이상 보급되고 있지 않았다.

더 많이 처리할 수 있는, 더 깨끗한 물을 얻고 싶은 것이 사람의 마음이다. 그러다 보니 마을에 물 처리장 Water Station을 설치하여 물을 정수하고 판매하는 방식이 지속가능하며 실용적이라고 생각하여 이 방식으로 물 처리장 사업을 하고 있었다. 이 방식은 학교, 병원 등에도 적용 가능한 방식이다. 언젠가는 정부가 예산을 투입해 상수도 설비를 하겠으나 그때까지는 민간단체가 그 갭을 메꾸어야 한다는 것이 지부장의 생각이었다.

비소는 위험한 중금속의 하나다. 그런데 인도에서 베트남까지 광범위한 지역의 지하수에 비소가 녹아있는 경우가 많다. 그래서 우물을 파고 비소 검사를 해 비소가 있으면 우물을 덮는다. 그래도 일부 지역에서는 물속의 비소를 제거하려 노력한다. 비소를 이온교환수지나 적절한 흡착제에 통과시키면 비소를 제거할 수 있다. 그런데 이 방법은 비용도 많이 들고 일정한 기간마다 흡착제를 교체해 주어야 하니 손이 많이 가는 일이다. 그러다 보니 우물을 파고 검사를 하여 비소가 검출되면 우물을 덮는 것이 경제적이고 최선이라고 했다. 비소 처리 장치를 설치하는 것이 매우 비싸고 유지보수도 어렵다는 것이다. 대신 다른 곳에 우물을 파면 비소가 없는 물을 얻을 수 있다는 것이다. 좋은 결론이었다.

발전소에서 전기를 생산하여 송전선을 통해 전기를 공급하는 것이 바람직하나 시골 마을까지 보내는 데는 예산이 많이 소요되므로, 외곽 지역은 별도로 에너지원을 찾아야 한다. 최근에는 에너지 문제를, 많은 경우, 태양광 패널을 사용하여 해결하고 있다. 값비싼 송전설비를 하지 않아도 되기 때문이다. 태양광 에너지 설비는 태양광 패널을 설치하여 얻어진 전기를 배터리에 충전하고 이를 가정이나 필요한 곳에 공급하면 되므로 좀 단순하다고 할 수 있다. 그러나 문제는 패널의 수명이 10~20년이고 배터리의 수명도 3~5년이라고 하니 평소 패널을 깨끗하게 잘 관리해 태양에너지를 잘 받도록 해야 하고 때가 되면 교체해 주고 문제가 생기면 보수해야 한다. 이를 위해서 태양광 사업을 하는 조직이 필요한데 기업이 나서면 좋다. 태양광 발전은 단가가 비싸서 우리나라, 중국, 인도 등에서는 보조금을 주나 캄보디아에는 그런 제도가 없으니 보급도 용이하지 않다. 저가의 제품과도 경쟁하여야 한다. 세금을 제대로 안 내고 제품을 판매한 후 애프터서비스도 하지 않으면 싸게 팔 수 있는데 굿네이버스는 세금도 제대로 납

부하고 애프터서비스도 잘 하려고 하니 가격이 비쌀 수밖에 없다고 했다. 그래서 경쟁업체에 밀리는 경우가 많다고 했다. 그래도 제품에 대한 신뢰도를 높이고 있으니 시간이 가면 고객이 많아질 것이라고 이야기해 주었다. 그래도 우리나라의 기업들이 도와주어 어느 정도 경쟁력을 갖게 됐다고 했다. 향후 현지에서 활동하는 원조단체 등이 많이 사용하면 사회적기업으로서 성공모델이 될 수 있다고 생각했다.

캄보디아원조단체협의회 방문

캄보디아원조단체협의회CCC,Cooperation Committee for Cambodia, www.ccc-cambodia.org는 캄보디아에 있는 원조단체협의회다. 관련 단체가 협력하기 위한 조직이 있다고 해 방문했다. 회원은 캄보디아 단체 200여 개, 외국 단체 200여 개 합해 400여 개 단체가 회원이라고 했다. 프놈펜 시내에 있는 본부 건물로 가니 사무총장Executive Director 사로움Soeung Saroeum 씨가 반갑게 맞아 주었다. 캄보디아의 현실을 설명해주었는데 농산물을 가공하는 기술이 부족하고 유통경로가 별로 없어 농업 발전이 잘 되지 않는다고 했다. 예를 들면, 당근, 양배추 같은 농산물이 베트남으로 수출되고 약간 가공하여 다시 캄보디아로 수입한다고 했다. 농산물 가공이 그렇게 어려운 것이 아닌데도 이것이 캄보디아의 현실이라고 했다. 그래서 농산물의 생산성을 높이는 것 외에도 가공과 유통망을 늘리는 것이 시급하다고 했다. 정부도 이런 상황을 인지하고 있지만 우선 투

● 사무총장과 같이

자순위에서 밀려 개선되고 있지 않다고 했다. 그런데 원조단체는 선한 일을 하고 있지만 가공기술에 대한 전문성이나 유통 마케팅에 대하여는 잘 몰라서 개선이 되지 않는 것으로 생각됐다. 어쨌든 협의회에서는 가공과 유통 전문가를 찾아 연계시켜야 한다는 데는 생각을 같이했다. 협의회에서는 분야별 또는 전체 회의를 하고 그 결과를 보고서로 만드는데, 정부에 대한 건의 자료로 활용한다고 했다.

어느 나라의 민간단체가 일을 잘 하느냐고 물었더니 일본이라고 했다. 일본은 원조단체끼리의 소통이 잘되고 일본 대사관에서의 지원과 협력이 잘 되고, JAICA(우리나라의 KOICA와 같은 기관)와 일본 기업의 관계가 좋다고 크게 칭찬했다. 우리나라 원조 단체의 부족한 점을 지적하는 듯했다.

CCC에서 이러한 일들을 하는 데에 40여 명의 직원과 년 130만 달러의 예산이 필요하다고 했다. 모든 것이 재정적으로 뒷받침돼야 함을 다시 한번 느꼈다.

앙코르와트 방문

몇 년 전 태국을 방문하는 길에 몇 명이 세계적으로 유명한 앙코르와트사원을 보기 위해 캄보디아 시엠립행 비행기를 탔다.

오래전 12세기 수리야 바르만 2세 왕 때 캄보디아는 인도차이나반도의 제국이었다. 그러한 힘을 바탕으로 앙코르와트사원을 건립했고 지금은 세계적인 관광지가 됐다. 그곳에 가면 볼거리가 많은데 그중의 힌두교 신화를 조각으로 만든 것이 볼만하다. 사랑하는 여인을 악의 세력으로부터 구하기 위해 코끼리와 연합해 싸웠고 우여곡절 끝에 승리했다는 이야기인데, 자세히 들어볼 가치가 있다. 조각도 매우 아름답다. 얇은 옷을 입은 여인의 조각을 보면 속살이 아름답게 비친다. 어떻게 이렇게 섬세하고 환상적으로 표현했는지 놀라울 뿐이다.

● 사랑하는 여인을 악의 세력으로부터 구하기 위해 코끼리와 연합해 싸웠고 승리했다

앙코르와트사원 등은 프랑스 여행자가 우연히 발견한 것으로 알려져 있다. 캄보디아 왕조가 번성하다가 어느 날 갑자기 모든 거주자가 그곳을 버리고 떠났는지 갑자기 폐허가 되고 오랜 시간을 지나는 동안에 밀림이 돼.모든 이의 머릿속에서 사라졌던 것이다. 왜 갑자기 망했을까? 지금까지도 풀리지 않는 수수께끼

다. 수로를 건설하여 멀리서 물을 가져왔는데 심한 가뭄이 들어 물이 없어 살 수 없게 되니 이주하였을 수도 있다. 전염병이 돌아서 주민이 다 죽었다, 전쟁에 몇 차례 지자 신이 버린 땅, 저주받은 땅으로 여겨져 다른 곳으로 이주하게 되었다, 등등 생각할 수 있는 원인에 대한 여러 설이 있다. 얼마 전 읽은 잡지 National Geography에는 전쟁에 진, 그래서 신에게 버림받은 땅이어서 백성들이 이주했을 것으로 설명하고 있었다. 백성이 왕을 버린 것이다. 민심이 그렇게 무서운 것이구나 싶었다.

우리의 관광일정은 반나절에 앙코르와트사원을 본 후 다른 사원 1~2개를 반나절에 보는 것이었다. 다음 날은 반나절에 호수 수상가옥을 보고 반나절은 쇼핑, 그것도 가이드를 따라 상황버섯 등을 홍보하는 곳에 갔다. 2일 동안 수많은 곳을 보았다. 그곳에는 서양인들도 많이 보였다. 서양인들은 일주일에서 2주 정도 머물면서 하나씩 자세히 보고, 중간중간에 그늘에서 책도 읽고 휴식을 취하며 구경한다고 했다. 오래전에 독일 프랑크푸르트에서 개최된 학회를 갔을 때가 생각났다. 같이 간 일행 중 몇 명은 학회 종료 후 사나흘에 독일, 베를린, 영국, 런던, 덴마크를 관광하고 귀국한다고 했다. 하루에 한 나라씩! 증명사진 찍고. 우린 그런 방식의 관광을 즐기는데 외국인은 한 군데서 한두 주간 즐긴다고 했다. 왜 그런 차이가 생겼을까? 어떻게 하는 것이 바람직한 관광/여행인가 돌아보았다.

굿네이버스

굿네이버스Good Neighbors는 1991년 설립된 NGO니 20년이 돼 간다. 월드비전은 미국 선교사에 의해 세워졌으나 굿네이버스는 우리나라에서 설립된 단체로서 월드비전 다음으로 규모가 큰 원조단체다. 처음에는 8명이 모여 1800명의 약사에게 도움을 요청하는 편지를 보내 기금을 모으기 시작해 이제는 130만 명의 후원회원을 가진, 연간 1800억 원의 예산을 사용하는 세계적인 대규모 원조단체로서 33국에서 활동을 한다.

초기에 설립을 주도한 이일하 이사장은 저서 『대한민국 토종 NPO 세계를 보듬다』 『NGO 경영 이야기』에 초기부터 어떻게 굿네이버스를 발전시켰는지 그리고 어떻게 해야 일을 잘 할 수 있는지를 기술하고 있다.

학회를 운영하듯이 잠시잠시 일하는 것이 아니라 온 힘을 다해 노력해야 발전할 수 있음을, 무엇이 중요한지를 알아서 거기에 집중해야 함을, 후원자들에게 정보를 제공하고 긴밀한 관계를 유지하는 것 등이 중요함을 느끼게 해주는 세계적인 NGO다.

● 굿네이버스 캄보디아지부 건물

미얀마 *Myanmar*

미얀마의 이전 이름은 버마다. 미얀마에서 가장 큰 도시는 양곤이고 행정수도는 라피도다. 제2차 세계대전 전에는 영국의 지배를 받았다. 얼마 전까지는 군부독재 국가로 알려졌는데 개방하면서 민주화를 이루었다. 아직 가난한 나라로 알려져 있지만, 국민들이 부지런히 일하여 경제 성장이 빠른 나라다. 아웅산 수지 여사가 민주화의 상징적 인물로 전세계에 알려져 있다.

미얀마는 불교 국가다. 불교는 인도에서 시작됐지만 인도는 대부분 힌두교를 믿고 있어서 미얀마가 불교 종주국 역할을 하고 있다. 그러므로 불교 관련된 관광과 여행은 미얀마가 중심이다.

2019년 미얀마를 다시 방문했을 때, 바간Bagan지역을 방문했다. 바간은 파고다 사원이 수천 개 있는 우리나라의 경주와 같은 곳이다. 그곳의 파고다 사원에 가니 미얀마인들이 열심히 기도하고 있었다. 나 같은 관광객이 옆에 지나가도 신경 안 쓰고 모두 진지하게 간절히 기도하는 모습이 인상적이었다. 한 아줌마가 엎드려 절하는데 옆에서 그것을 어린 딸이 보고 있다. 그 어린 딸은 자라면서 엄마와 함께 사원에 와서 절하던 추억을 갖고 그 마음을 간직하고 살아가고, 커서 힘든 일 있으면 사원에 와서 엄마처럼 그렇게 절하겠지. 그리고 그들은 나중에 좋은 곳으로 가겠지 싶었다.

간염백신공장 방문

아시아지역에 있는 바이오Biotechnology 분야 인물들과의 네트워킹을 위해 미얀마를 방문하기로 하고(그래서 지금의 아시아생물공학연합 AFOB : Asia Federation of Biotechnology가 만들어졌다.) 수소문을 해보니 몇 년 전에 CJ 제일제당에서 그곳에 간염백신공장을 지어주었다고 하여 그곳을 방문했다. 유전자재조합효모를 이용하여 백신을 만드는데 그곳에 근무하는 이들이 한국에서 연수를 받아 한국을 잘 알고 있었고 좋은 인상을 가지고 있었다.

아프지 않고 건강하게 살려면 다양한 방법으로 건강을 지켜야 한다. 그중의 하나는 예방주사를 맞는 것이다. 미리 살짝 세균 맛을 봐서 몸에서 스스로 세균과 대항해 싸울 수 있는 항체를 만들도록 하는 것이다. 어릴 때 여러 가지 예방주사를 맞는다. 바이러스 독감백신, 간염백신 등을 맞아 병이 안 생기도록 해야 한다. 그러려면 백신이 중요하다. 그런데 개발도상국의 경우 필요한 백신이 부족하다. 백신이 있어도 오지까지 운반하고 오지에서 주사를 놓을 자격 있는 이들이 부족하다. 그래서 큰 노력을 하고 있다. 백신 생산 공장을 건설하는 일, 새로운 백신을 개발하는 일, 주사를 놓

● 저자, 허석훈 신부, 김영재 교수, 김전 교수. 사원에 들어갈 때는 신발을 벗는다.

● 산꼭대기에도 사원이 있다.

지 않아도 되도록 먹는 백신, 붙이는 패치 백신 등을 개발하는 일, 백신 개발과 보급에 소요되는 자금을 지원하는 일 등이다. 이러한 일에 기업, 유엔 산하의 국제백신연구소, 빌게이트재단과 같은 공익재단 들이 기여하고 있음은 다행스럽지만 무엇인가 부족하게 느껴진다. 더 큰 노력이 있어야 백신 부족으로 인한 고통이 없어질 것이다.

주민들, 가난하지만 행복한 모습 처음 미얀마를 방문했을 때 양곤공항에 내리니 저녁이 지나 밤이 되어 가고 있었다. 우리 일행은 우선 식사를 위해 식당으로 갔다. 식당가는 길은 전기가 없어 매우 어두웠다. 그래도 식당에서는 불을 밝혀주었다. 식당에 들어서니 여자 종업원들이 반겨준다. 얼굴 모습을 보니 선한, 착한 모습이 인상적이었다. 이렇게 착하게 생긴 사람들이 있을까 할 정도로 편안한 모습이었다. 세계에서 제일 못사는 가난한 나라여서 어쩐지 표정이 찌그러진 모습을 연상할 수 있는데 실제로는 전혀 달랐다. 가난한데 왜 행복한 모습일까 하는 생각이 들었다. 네팔 국민들도 행복지수가 세계 최고라는 것과 서로 통하는 내용이다. 미얀마는 국민 대부분이 불교를 믿는다. 불교의 윤회를 믿는 것이니 지금 힘들더라도 선행을 많이 베풀면 다음 생에 축복을 받는다는 그 믿음으로 소득이 매우 낮지만 먹을 것은 있으니 선한 표정이 나오는 것이리라.

한국은 지난 50년간 열심히 일하여 원조를 받던 나라에서 원조를 주는 나라로 발전하였다고 자랑하고 있으나 자살률은 세계 최고

● 시골장에서 꽃 파는 모습: 꽃을 사랑한다.

수준일만큼 행복지수는 낮다. 행복하려면 의식주가 해결되고 어느 정도 잘 살아야 하지만 돈만 벌려고 행복의 조건을 무시하는 것은 앞뒤가 바뀐 것이다. 그래서 미얀마 식당 종업원의 표정은 많은 것을 생각하게 하며 머릿속에 그 영상이 오래 남아있다. 행복이란 무엇인가. 우리는 그동안 열심히 일해 경제적인 어려움은 별로 없는 나라, 원조를 받던 나라에서 원조를 주는 나라가 됐으나 반대급부로 행복하지 못한 나라, 자살률 세계 최고의 창피한 나라가 되었다. 행복의 3대 요소로 아프지 않으며 먹고살만한 경제력, 좋은 일을 한다는 가치관 그리고 성취감을 이야기한다. 건강하고 먹고살만한 것이 행복의 한 부분인 것은 맞지만 그것만으로는 행복하다고 할 수는 없다. 인간답게 살고, 무엇인가 이뤄냈다는 마음이 동시에 중요하다. 우리가 잘한 것, 잘못한 것 등 모든 경험을 우리를 좇아오려는 이들에게 참고가 되도록 일러주어야 한다.
2012년에 다시 양곤을 찾았다. 시내에 있는 코트라(KOTRA, Korea Trade-Investment Promotion Agency, 무역과 투자를 진흥하는 국영기업)를 찾아 최근 미얀마 상황에 대하여 들었다. 개방과 민주화가 시작돼 이제는 경제발전이 빠르게 일어나고 있다고 한다. 성장 잠재력이 높아 가까운 시일 내에 베트남만큼 발전될 것으로 전망된다. 오랫동안 머릿속에 간직한 행복한 시민의 모습을 생각했는데 이제는 무엇인가 딱딱함이 느껴졌다. 얼마 전부터 미얀마가 개방되면서 경제 성장을 강조하기 시작했는데 미얀마도 이제는 돈맛을 알아가는구나 하는 생각이 들었다. 무엇인가 아쉽게 느껴지는 경험이었다.

의료봉사 참관하다

2019년 1월 라파엘 인터내셔널의 미얀마 의료봉사팀에 합류해 미얀마를 찾았다. 작년에 라파엘의 안규리 교수에게 미얀마 갈 때 같이 가고 싶다고 말해두었는데 해를 넘겨 같이 가게 된 것이다. 얼마 전부터 봉사는 공대, 의대, 농대 등 여러 분야의 팀이 협력해야 좋은 성과를 낼 수 있다는 생각에 같이할 수 있는 것이 무엇인지 어떻게 같이 좋은 일을 할 수 있을지를 탐색하기 위해 같이 가고 싶다고 했었다. 사실 오래전에 김기석 사대 교수(국경없는 교육가회 회장)와 같이 부르키나파소를 방문했고 그곳에서는 같이 할 수 있는 일들을 많이 보고 느꼈기에 이번에는 의대 팀과 동행한 것이다. 의료봉사의 시작은 보건위생이고 보건위생의 시작은 깨끗한 마실 물이라서 국경없는과학기술자회와 협력하고 있다. 오래전 네팔에 지진이 났을 때 라파엘에서는 우리에게 협력을 요청했고 우리는 물 정수 관련하여 협력한 적이 있다.

라파엘은 지난 20년간 많은 활동을 했고 그중의 하나가 미얀마 사업이다. 라파엘은 미얀마에서 의료봉사 사업을 하고 있다. 결핵, 자궁경부암, 장기이식에 관련된 의료 사업이다. 미얀마에서의 중요한 의료 이슈를 선정해 그것이 제도권에서 개선될 수 있도록 노력한다는 점에서 많이 하는 여느 마을에서의 간헐적인 의료봉사와는 다르다. 처음에는 자체 예산으로 그다음에는 국내 코이카KOICA 등 관련 기관의 협조를 받아 그리고 최종적으로는 해당 국가가 재원을 투입하도록 하고 있다. 시간은 걸리지만 그래야 지속가능하게 할 수 있으니 의미가 있다. 특히 라파엘은 회의brain storming/ facilitation를 통하여 현지의 니즈needs를 파악하고 거기에서 세부적인 계획을 수립하는 것이 사업의 성공을 위해 필수적이라는 점을 강조하고 있다.

첫날 세미나에 참가했다. 「장기이식에 대한 국가의 역할Role of National Authority in Organ Transplantation」이라는 제목의 발표가 있었다. 세계장기이식학회 차기 회장의 발표였다. 실제 장기이식은 수요의 10%에 불과하다는 통계자료를 보여 주었다. 장기이식분야에서 일어나는 장기를 사고파는 행위에 대하여 그리고 가난한 자를 보호하는 취지를 담은 '이스탄불 선언Istanbul Declaration'에 대한 설명도 해주었다. 그것은 국가의 장기이식에 대한 방법 등에 대한 제도를 만드는 기초가 되는 것이다. 발표가 끝나고 나는 두 가지 질문을 하였다. 생명을 귀하게 여기는 불교나 기독교 등 종교계의 의견을 청취하고 있는지 또 하나는 장기이식이 필요한 환자의 10%만이 혜택을 받고 있는데, 나머지 90%를 위하여 인공장기, 줄기세포의 활용 등에 대한 대안도 중요하게 다루고 있는가를 질문했다. 대답은 물론 yes지만 얼마나 실효성 있게 그리고 열심히 하고 있느냐가 중요할 것이다. 양곤대학은 단과대학별로 나누어져 있다. 제1 의과대학 University of Medicine 1 의 부총장을 만났다. 질병 퇴치가 중요하고 이것은 교육을 통한 우수인재 양성으로 해결하겠다는 정책에 따라 대학 발전을 위해 커리큘럼을 개선 그리고 외국과의 협력이 중요하다고 이야기했다. 인상적인 것은 기초생화학과, 기초미생물학과 학과장이 같이 참석했는데 생화학공학연구센터 Biochemical Engineering Research Center를 설립하겠다는 것이다. 그래서 서울대의 경

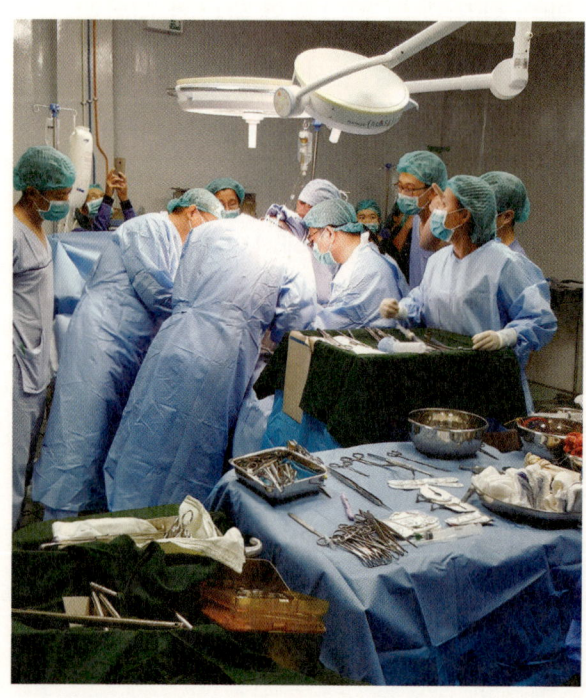

● 장기이식 수술

우 의대와 공대의 대학원 협동과정인 바이오공학 프로그램Graduate Program of Bioengineering이 있다고 그리고 의과대학에 의공학과가 있어서 의학과 공학의 협력을 중요하게 생각하고 있다고 했다.

병원에서 신장이식을 하는 모습도 볼 수 있었다. 한쪽 방에는 신장을 제공하는 이, 한쪽 방에는 신장을 받는 이가 있어서 한쪽 방에서 떼어내서 옆방 환자에게 이식하는 수술을 한다. 우리나라 의사가 주도하고 현지 의사가 같이한다. 그러면서 자연스럽게 의료기술이 전수되는 모양이다. 의과대학의 한 교실에서는 돼지에게 간을 이식하는 것을 시범적으로 보여주고 있었다. 우리나라 의대 교수와 현지 의대 교수가 지휘하고 의대생이 참관했다.

대학방문 이야기 : 양곤공대

오래전 양곤대학은 세계 50위권의 종합대학이었다. 미얀마가 제2차 세계대전 후 영국의 식민지에서 독립한 후 군사독재가 시작됐다. 시간이 가면서 여러 사회문제가 불거지면서 군사독재에 반대하고 민주화를 추구하는 데모가 일어났는데 그 중심에 양곤대학이 있었다. 데모가 심해지니 정부에서는 양곤대학을 해체했다. 양곤대학을 대학원 위주의 학교로 바꾸고 학사과정은 여러 개로 쪼개어 양곤 외곽으로 옮겼다. 데모를 막는 방법이다. 이 과정에서 공과대학도 대학원 중심으로 개편되면서 외곽으로 옮겨졌다. 2012년경에 개방되면서 국가발전에는 잘 교육받은 인재가 중요하다고 판단해 다시 구조조정을 하고 있다. 이제는 학사과정 교육의 중요성을 인식하고 학사과정 신입생을 선발하기 시작했으며 종합화를 추구하는 것으로 알고 있다. 양곤공대Yangon Technical University도 이제는 학사과정 신입생을 선발하기 시작했다. 그래서 서울대 공대와 협력을 하면 좋을 듯하여 양곤공대 총장(rector라고 함)에게 연락했다.

외국인이 대학을 방문하려면 정부(과학기술부)의 승인을 받아야 했다. 개방했다고 했는데 그 정도까지인지는 상상도 못 했다. 여러 과정을 거쳐 서울대 공대와 협력양해각서MOU를 체결하게 됐다. 서울대 공대 학장이 문서에 서명하고 미얀마에 보냈는데 반년이 지나도 소식이 없었다. 외국대학과의 문서 서명은 역시 과학기술부의 승인과 법을 다루는 부처의 승인이 필요하다고 했다. 언제쯤이면 이런 후진국형 관행이 고쳐지고 자유롭게 외국 대학과의 교류가 가능할까.

2015년 봄에 들은 소식이다. 서울대와의 협력에 시간을 끄는 동안 미얀마가 개방되면서 일본의 교토대학이 중심이 되어 양곤공대를 엄청난 규모로 지원하고 있다고 했다. 미얀마가 개방되기 전에는 미국과 일본 등은 미얀마와 공식적인 관계를 갖지 않았다고 하니 우리가 기회를 놓친 것이다. 그래서 양곤공대 교수에게 한국과의 협력을 이야기하면 일본 눈치를 보는 듯한 느낌을 받는다고 한다.

라파엘

(재)라파엘나눔은 20년 전 김수환 추기경께서 의대 교수들에게 우리나라에 외국인 노동자가 많은데 그들의 의료를 도와주면 좋겠다는 뜻의 말을 하여 시작했다고 한다. 초기에는 주말에 서울 혜화동에 있는 동성고등학교에서 의료봉사를 시작했다고 한다. 그러다가 규모가 점차 늘어나 현재와 같은 규모로 하고 있다. 현재는 근처에 5층짜리 건물을 갖고 있다. 10년이 되면서 라파엘인터내셔널을 만들고 외국 대학의 의대 교수를 초청하고 현지를 방문하여 현지 의료팀의 역량을 키워주는 일을 같이하고 있다. 그러한 활동을 인정받아 최근 호암상, 청암상을 수상했다.

이제 20년이 지나면서 앞으로의 10년을 바라보며 시니어아카데미를 설립하고 시니어들을 교육하여 국내, 해외 필요한 곳에 파견하고자 계획하고 있다. 대표는 김전 교수, 이사장은 안규리 교수가 맡고 있다.

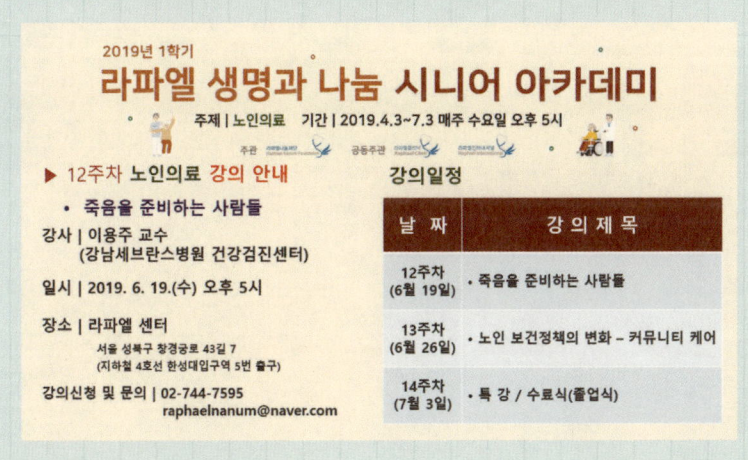

라오스 *Laos*

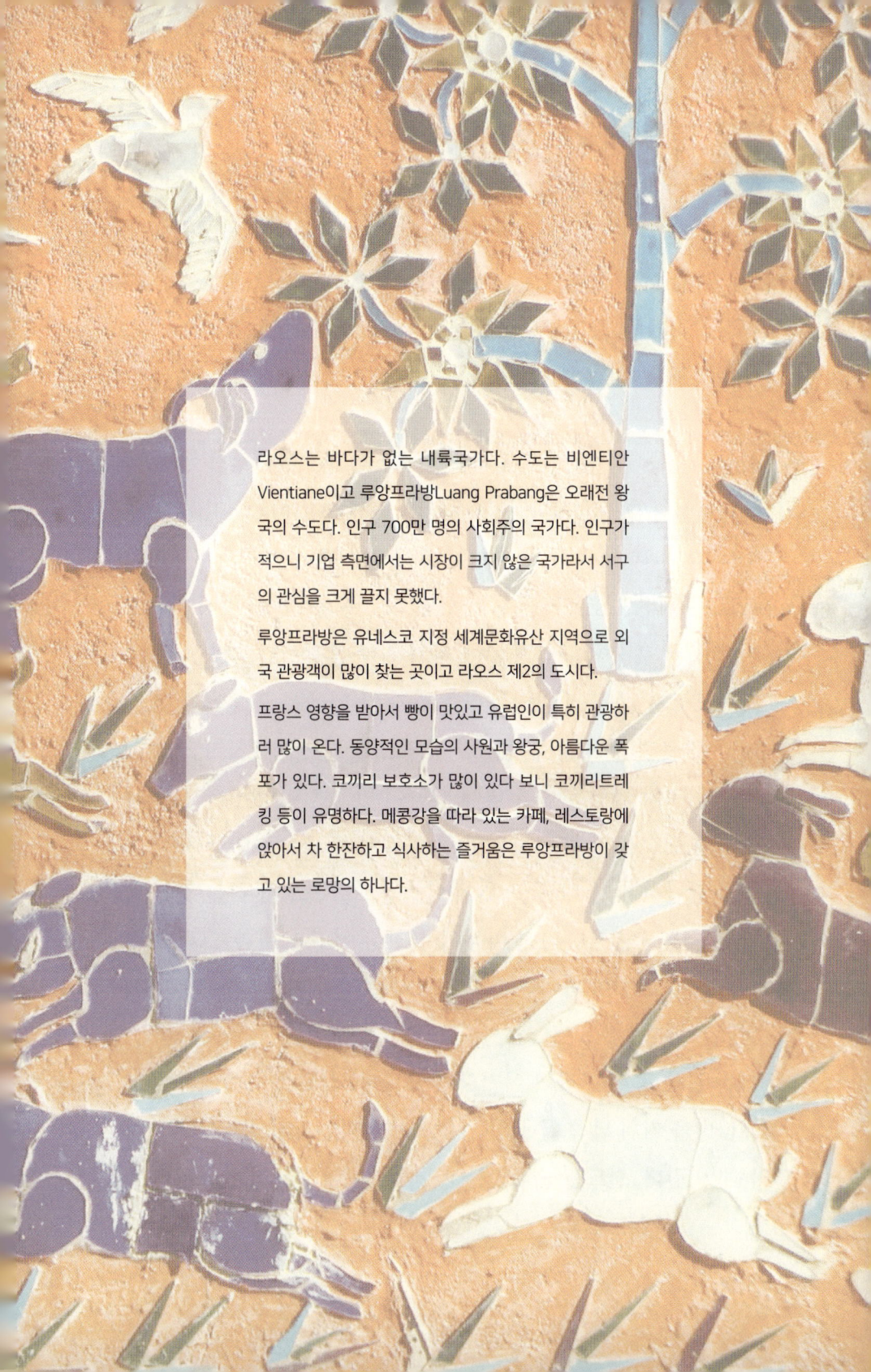

라오스는 바다가 없는 내륙국가다. 수도는 비엔티안 Vientiane이고 루앙프라방Luang Prabang은 오래전 왕국의 수도다. 인구 700만 명의 사회주의 국가다. 인구가 적으니 기업 측면에서는 시장이 크지 않은 국가라서 서구의 관심을 크게 끌지 못했다.

루앙프라방은 유네스코 지정 세계문화유산 지역으로 외국 관광객이 많이 찾는 곳이고 라오스 제2의 도시다.

프랑스 영향을 받아서 빵이 맛있고 유럽인이 특히 관광하러 많이 온다. 동양적인 모습의 사원과 왕궁, 아름다운 폭포가 있다. 코끼리 보호소가 많이 있다 보니 코끼리트레킹 등이 유명하다. 메콩강을 따라 있는 카페, 레스토랑에 앉아서 차 한잔하고 식사하는 즐거움은 루앙프라방이 갖고 있는 로망의 하나다.

# 한국-라오스적정기술센터
: 카이펜사업

2019년 3월 그곳 한국-라오스 적정기술센터(우리나라의 '나눔과 기술' 단체에서 정부 지원사업을 하고 있음) 센터장인 이성범 센터장과 같이 남박마을로 향했다. 도로포장이 되어 있었지만 중간중간에 길이 파이고 어떤 곳은 포장이 돼있지 않아 차가 자주 흔들렸다. 라오스는 비포장도로가 많을 것 같았는데 우리가 간 마을은 포장이 잘된 곳이라 큰 불편 없이 갈 수 있었다. 그래도 중간중간에 차가 지날 때마다 먼지가 날렸는데 그 옆에 식당이 있고 집이 있었다. 도로가 손상돼 포장을 제대로 하려면 땅을 깊이 파고 철근이나 자갈 등으로 단단하게 한 다음 그 위에 아스팔트로 포장을 하는 것이 일반적인데 그렇게 하려면 비용이 엄청 많이 소요된다. 그러니 얇게 포장하고 길이 파이면 다시 포장하는 것이 현실적이고 경제적이라고 했다.

가는 길에 공사 현장이 여기저기 보였다. 라오스 북쪽에서 루앙프라방을 거쳐 남쪽 끝에 있는 수도 비엔티엔까지 철도를 건설하는 것이란다. 철도는 중국인들이 공사하는데 철도가 완공되면 중

● 메콩강 경치

국에서 기차로 직접 비엔티엔까지 연결된다고 한다. 중국의 영향력이 더 강화되겠구나 하는 생각이 들었다. 그런데 대부분 공사장에는 중국인들이 직접 공사에 참여하고 공사가 끝나면 대부분 현지에 남아 새로운 차이나타운을 건설하며 산다고 하니 라오스에는 무엇이 이익일까 생각이 들었다. 중국은 아프리카, 아시아 등에 원조할 때 자국민을 고용하고 현지에서 필요한 물자는 자급하고 그 후에도 현지에 남아있는 방식으로 일을 하여 현지에서는 환영받고 있지 못했다. 그런 상황을 예상하지 못하고 중국에서 제공한 원조를 받아들였는지 그래도 좋다고 생각하는지는 모르겠다.

4시간을 달려 남박마을에 도착했다. 강물이 흐르는 곳에서 수초(카이)를 채취하여 그것으로 부각과 같은 수초튀김 제품 카이펜을 만든다. 센터장의 안내로 강가로 가니 마을 아낙네가 몇이 모여 카이를 강에서 캐내고 그것을 씻고 방망이로 두드리고 있었다. 방망이로 두드려야 조직이 연해지고 맛이 부드러워지기 때문이란다. 그다음 김처럼 얇게 펴서 말리고 그 위에 검은 깨를 뿌리고 불에 구워서 포장한다. 우리나라의 부각처럼 바삭바삭하고 맛이 좋았다. 그래서 라오스인들도 좋아하는 모양이다. 메콩강 상류 물이 맑고 천천히 흐르는 곳에 수초인 카이가 자란다. 수초 Riverweed를 11-3월까지 강에서 채취하여 제품으로 만든다. 맛이 좋아 반찬으로 먹는다고 한다. 기존에도 유사제품이 있지만 제품에 모래 등 불순물이 있고 맛이 별로인데 여기서는 깨끗하고 맛있는 제품으로 만들어 판다. 그렇게 하기 위해 공기 부상원리를 도입해 물과 공기로 여러 번 세척하고 수초를 물리적으로 처리하여 연하게 한다. 여기서 물리적인 방법이란 방망이로 수초를 치는 것이다. 그렇게 하니 고급 제품이 되어 기존 제품보다 2배 값으로 팔 수 있고 라오스에서 잘 팔리는 제품이 되고 있다고 했다. 외국인들은 그렇게 선호하지 않는다고 했다. 오래전 미국에서의 경험이 떠올랐다. 친하게 지내는 미국인들에게 우리는 생일에 미역국을 먹는다고 했다. 영어로 Seaweed soup이라고 하니 어떻게 그런 해초, 바다의 잡초를 먹느냐는 것이다. 그래서 요오드 성분이 있어 산모의 피를 맑게 해주고 고기와 같이 국으로 만들어 영양가도 좋아서 산모가 산후에 먹는 관습이 있어 생일에는 그러한 것을 기억하며 미역국을 먹는다고 설명해주었지만 그래도 weed(잡초)라는 단어가 그리 호감이 가지 않는 눈치였다. 여기서는 river weed라고 영어로 표현하고 있었다. 그래서 몇 가지 제안과 설명을 해주었다. 영어로는 river vegetable이라고 표현하라고. 건강식이고 우리 몸에서 소화가 안 되니 다이어트 음식이고 다당류 성분이 많아 중금속을 흡착해 몸 밖으로 배출시키니 매우 좋은 식품이라는 점을 홍보하라고 조언해 주었다. 우리나라의 김 제품처럼 언젠가 카이펜이 라오스의 효자 수출품이 되기를 기대해보면서. 근처의 또 다른 마을에서도 카이펜을 생산한다고 하여 그곳도 방문했다. 두 군데가 서로 경쟁한다는 느낌을 받았다. 그래, 경쟁을 해야 발전이 가속화되지 라는 생각이 들었다. 그곳에서는 15가구가 협동하는데 한 시즌에 가구당 70만 원의 소득이 생긴다고 했다. 이 정도의 소득이면 농사지어서 생기는 소득만큼 큰 것이라고 하니 카이펜사업은 농촌에 의미 있는 사업이다. 현재 카이펜의 판매가 계속 증가한다고 하니 앞날은 더 밝다.

어떻게 그 마을을 선정하게 되었냐고 물었다. 봉사단체가 직접 특정 마을을 선정하기는 쉽지 않은 일이라서 현지의 여성연맹으로부터 제안받은 곳이라고 했다. 라오스는 사회주의 국가고 여기에서 외국인의 활동은 관심을 끄는 것이다. 종교적인 선교활동도 허가되지 않는다. 단 외국인 자신이 기독교인 등 종교를 밝히는 것은 허용되지만 포교활동은 금지되어 있다. 그래서 어떤 지역에서는 선교사라는 명칭은 사용하지 못하고 현지에서 교사, 교수, 의사,

● 강에서 카이 채취

● 카이펜제품

한의사 등의 직업인으로 어려운 사람들을 도와주고 있다. 그러다가 현지인이 요청하면 같이 종교 행사를 할 수 있다. 여성연맹은 국가 기관이다. 거기서는 지역 문제, 여성 이슈들을 잘 알고 있기에 한국 봉사단체에 도움이 필요한 지역을 소개해 준 것이다. 다른 나라 경우도 현지의 봉사단체나 정부 기관과 접촉하여 파트너를 찾고 서로 역할을 정하여 같이 사업을 시작하는 것이 일반적이다.

현지에서 나오는 제품을 소비자에게 잘 소개하는 것은 중요한 일이다.
현지에서는 좋은 커피도 생산되고, 다양한 차 종류, 식물성 허브 오일 등이 생산된다. 그래서 이것을 홍보하고 판매하는 가게를 열었다. 가게 이름이 아롬디aromdee라고 하는데, 금방 기억이 안 되니 가게 성격이 분명하게 neighbor mart, neighborfood shop 등을 현재의 명칭 뒤에 추가하면 어떠냐고 제안했다. 이러한 가게는 소위 사회적기업이다.
우리가 착한 커피fair trade coffee를 강조하면서 커피 생산자를 도와주듯이 이곳 농업 생산물을 돕는 것은 의미가 있다. 그러려면 제품 기획, 생산, 홍보, 수출 등을 전문적으로 하는 기업과 연계가 돼야 임팩트가 있을 것이다. 그렇지 못하면 일부 관심 있는 지식인들에게만 알려지게 되어 시장에서의 영향력이 그리 크지 못한 것이 현실이다.

● 농산물 판매 가게 내부

에너지사업

현지 적정기술센터의 다른 사업은 전기가 들어오지 않는 마을에 에너지를 공급하는 것이다. 그래서 소규모 수력발전과 태양광 발전 설비를 해주었다. 비가 많이 오는 우기에는 수력으로 발전하고 건기에는 태양광 발전을 한다는 개념이다. 설비는 100여 가구의 마을을 대상으로 한 것이지만, 발전설비를 설치하여 준 것은 당연히 마을을 밝히고 전기를 공급한 것이니 잘한 일이라서 마을 사람들이 고마워한다. 그런데 일이 여기서 끝나는 것이 아니다. 설비가 고장이 나면, 태양광 패널의 수명이 다하면 어떻게 해야 할까가 문제다. 누군가가 유지하고 보수해 주어야 한다. 누가 할 것인지 보수는 어떻게 지불할지 등이 가능해야 한다. 가난한 시골 마을에 돈이 많을 리 없다. 그래서 전기료를 징수해야 한다. 그 전기료로 1~2명의 인력을 고용할 수 있다. 그들에게 전문기술을 기초부터 가르치고 필요한 부품 구입방법을 알려주고 필요하면 기술지원을 해야 한다. 태양광 패널의 수명은 20년 정도로 꽤 길다. 그런데 에너지를 저장하는 배터리 수명은 3~5년 정도라고 하고 배터리 값이 비싸다고 하니 교체하는 것이 부담될 수 있다. 생각하면 특정 마을만 이런 상황이 아니다. 아마 라오스 전역에 여러 봉사단체가 관여해 유사한 방법으로 에너지 문제를 도와주고 있을 것이다. 그렇게 생각하면 라오스에 에너지 문제를 도와주는 기관이나 사회적기업이 필요하다. 여기에는 우리나라의 젊은이도 참여할 수 있으면 좋을 것이다.

에너지 문제를 해결하기 위하여 정부 차원에서는 발전소를 건설한다. 물이 많은 지역에서는 농업/공업 용수도 확보할 겸 댐을 건설하고 수력발전을 한다. 다른 방법은 화력 발전소 건설이다. 원자력 발전소는 비용이 너무 많이 들어 비현실적이다. 발전소 건설은 돈이 많이 필요하다. 산골, 시골 마을까지 전기를 공급하려면 송전설비가 필요한데, 역시 이것도 비용이 많이 소요된다. 그러니 가난한 나라에서 시골까지 전기를 공급하는 것은 시간이 꽤 걸리는 일이다. 그렇다고 가만히 있을 수는 없기에 소규모 원조/봉사단체가 물과 에너지를 공급해주고 있는데 한계가 있다. 수혜지역이 넓지 못하고 지속가능하지 못한 경우가 많다.

라오스뿐 아니라 다른 가난한 나라도 문제는 유사하다. 개별 나라의 에너지 문제는 어떻게 해결되고 있는가, 지속가능하게 할 수 있는가, 글로벌하게 도움을 주고 해결할 방법은 무엇인가, 여러 의문이 생긴다.

적정기술센터장

현지에서 봉사활동을 앞장서서 하는 이가 적정기술센터장이다. 10년 전 국경없는과학기술자회를 시작할 때 처음 만났다가 이번에 다시 만났다. 그는 오래전에 좋은 일, 보람 있는 일을 하는 것이 중요하다고 생각해 굿네이버스 Good Neighours라는 단체로 직장을 옮겼다. 그리고 10여 년간 아시아, 아프리카 등으로 출장 다니며

물, 에너지 등의 인프라를 도와주는 일을 했다. 캄보디아 굿네이버스지부장도 5년 맡아 했다. 1년 전에 굿네이버스를 떠나 라오스로 왔다고 했다. 적정기술센터사업을 사회적기업 등과 연계시켜 지속가능하게 만드는 것에 관심이 있단다. 인생을, 청춘을 이러한 선한 일에 바치고 있는 이들이 있어 사회가 조금씩 착해지고 아름다워지고 있는 느낌이다. 선교사들도 종교나 선한 일에 인생을 바치고 있지만, 이성범 센터장도 선교사 이상으로 우리 사회를, 지구촌을 따뜻하게 하는 것 같다.

대학을 방문하다

그곳에 수파누봉대학Souphanuvong University이 있다. 그 대학 부총장이 2018년에 한국을 방문했을 때 인사를 나누어 다시 그곳을 방문하게 됐다. 그곳 대학은 라오스가 중점으로 육성하는 대학의 하나다. 오래전 우리나라의 차관을 받아 학교 건물도 짓고 발전을 위해 사용해 우리에게 고마움과 친근감이 있는 대학이다. 적정기술센터를 그곳에서는 '라오스-코리아과학기술센터Laos-Korea Science and Technology Center'라고 해 대학 내에 공간을 제공하고 그 센터를 통하여 대학의 교수들과 협력을 하게 한다.

이번에도 대학 건물 증설 등에 소요되는 비용을 차관으로 해결하고자 라오스 정부에 신청 중인데 우선순위가 높다고 한다. 그래서 우리의 'BK-21사업', '월드클라스 대학World-class University사업'으로 우리나라의 대학이 많이 발전했다고 했다. 건물, 기자재도 중요하지만 교수 자질 향상, 학생 교류, 연구 협력 등 소프트한 곳에도 많이 사용하는 것이 도움이 된다고 해주었다. 인도네시아, 에티오피아 등에서도 대학 발전을 위해 외국 교수를 현지 교수 급료의 10배 이상 주면서 초청하고 있다는 사례도 이야기 해주었다. 그만큼 교수의 역량이 대학 발전에 중요하고 초기에는 외국 석학의 도움을 받을 수밖에 없어 다른 나라도 그렇게 하는 것이다.

센터에서는 현지 공대, 농대 교수들과 협력하여 농식품의 가공기술을 개발하고 관련 마을에 교육 등을 통해 기술 전수를 하고 있었다. 우리가 하는 것은 한계가 있으니 현지 대학교수가 나서야 한다는 생각에서 그렇게 하고 있단다. 그리고 그것이 성과가 크다고 했다.

● 적정기술센터 현판

에너지지원센터

라오스에서 12년 동안 좋은 일을 한 이가 있다 하여 2018년 12월 어느 날 서울에서 만났다.

이영란 센터장께서는 어떤 배경으로 라오스에 오래 계셨나요?

2007년부터 한국국제협력단(KOICA) 행정기획 분야 해외봉사단원으로 파견돼 2년간 라오스 소읍의 중등학교에서 활동했습니다. 이후 에너지기후정책연구소 라오스재생가능에너지지원센터 센터장으로 활동하고 2018년 10년간의 활동을 마무리했습니다.

초기 라오스에 근무한 경험을 책으로 발간하였다던데요?

처음 2년간 쓴 일기를 바탕으로 라오스에서 봉사단원 활동을 하면서 보고 듣고 새로 알고 느끼게 된 것을 『싸바이디 라오스』(이매진, 2009)로 정리해 펴냈습니다.

라오스는 어떤 나라입니까?

라오스는 산지가 많고 돈 되는 자원은 많지 않고 인구는 적어 외부의 산업적, 상업적 관심은 상대적으로 적은 것 같습니다. 그에 따라 자연훼손이 적고 자연친화적인 생활방식, 다양한 소수민족들의 전통이 유지되어 환경문화적인 잠재력이 상당할 것 같습니다. 일례로 라오스의 천연염료를 사용하는 염색기술, 소수민족의 독특한 디자인 등은 오래전부터 외국 단체들이 주도적으로 보존하고 개발하는 데 공을 들이고 있기도 합니다.

라오스 사람들은 어떤가요?

한마디로 착합니다. 예전 베테랑 여행자가 지쳤을 때 찾아가는 곳이라 할 정도로 라오스 사람은 보는 사람에게 편안함을 주는 것 같습니다.

반면 일을 하러 가는 사람이라면 참 많이 답답함을 느낄 겁니다. 제가 생각하기에 라오스 사람은 행복하기 위해 태어난 사람이라 노는 시간, 가족과의 시간, 불투명한 미래를 위해 현재의 시간 등을 희생하거나 무리하게 노력하려 하지 않습니다. 특히 어느 정도만 되어도 부잣집 아이나 부모의 배경이 좋은 젊은이는 그것을 그대로 이어받아 아주 쉽게 사는 것이 당연하다고 생각합니다.

라오스 지원활동에서 무엇이 중요한가요?

처음 전기가 들어오지 않는 읍내에서 차로 6시간 걸리는 산골학교 기숙사에 태양광발전기를 설치해주는 일로 시작했습니다. KOICA의 지원을 받으면서 그 범위를 학교에서 마을들, '에너지 자립마을'로 넓혔습니다.

에너지빈곤가구에 태양광패널을 달아 전깃불을 켜고 전기요금 내지 않고 살 수 있게 도와주는 것이 사업 목적인데, 바람 불면 쓰러질 것 같은 초막집을 보고 패널은 무슨, 먼저 이 집을 고쳐주어야 하는 거 아닌가 하는 생각이 늘 먼저 들기 때문입니다.

적극적으로 가장 중요하게 생각하고 역점을 둔 것은 중장기적인 교육훈련을 통한 자립적인 기술자 양성입니다. 석유 살 필요가 없고 반영구적인 태양광패널이라도 설치하고 고치고 제대로 사용하고 관리할 수 있는 사람이 없으면 국제협력이란 이벤트로 아주 비싼 쓰레기를 현지에 버리고 오는 것 밖에 안 됩니다.

교육훈련은 가능한 현지 (직업기술학교) 교육과정과 연결하여 최소 3,4년은 지속되도록 했습니다. 현지 전기과 교사마저도 태양광

발전, 재생에너지에 대해서는 교육을 받아야 해서 라오스국립대에서 재생에너지 과정을 이수한 현지 교수들을 모셔 이론과 실기를 교육하고, 프로젝트 설치 작업을 맡은 현지 업체의 작업과정에 참여하여 지속적으로 실습하도록 했습니다. 이렇게 해야 기술이 숙련되고 현지 기업과 연결될 뿐만 아니라 에너지 자립마을들과 연결되어 이후 지속적인 담당 기술자로 활동할 수도 있게 됩니다.

라오스에서 봉사활동의 사례와 방향은?

라오스는 세계최빈국이기도 하고 상대적으로 안정적이어서 원조 효과성도 높아 전 세계 내노라 하는 개발원조 단체가 다 있습니다. 옥스팜OXFAM, 월드비전World Vision, 케어CARE 등 일반적인 지원단체는 물론이고 전쟁 이후 지뢰나 불발탄 제거와 피해자 지원을 위해 관련 전문단체가 가장 먼저 활동을 시작해 지금도 가장 활발하게 활동하고 있는 단체가 많습니다. 한국 단체도 2010년대 조금씩 늘기 시작해 특히 교육, 의료 부분에서 열정적으로 활동하고 있습니다.

한국은 저희 에너지기후정책연구소가 처음 시작하고 유일하게 활동해왔으나 점차 일반 단체도 사업 지속을 위한 기반으로 재생에너지에 대해 문의를 해오는 경우가 늘었습니다.

이처럼 라오스에서도 미래 지원사업의 방향은 자연스레 UN이 합의한 지속가능발전목표(SDGs)로 나아갈 수밖에 없다고 봅니다. 제가 고심했던 것처럼 물질적인 에너지, 환경의 지속가능성뿐만 특히 라오스에서는 이를 주체적으로 사용, 생산, 관리할 수 있는 인력을 양성하는 사회적인 지원 작업이 반드시 병행돼야 진정한 지속 가능한 발전이 가능할 수 있으리라 봅니다.

베트남 *Vietnam*

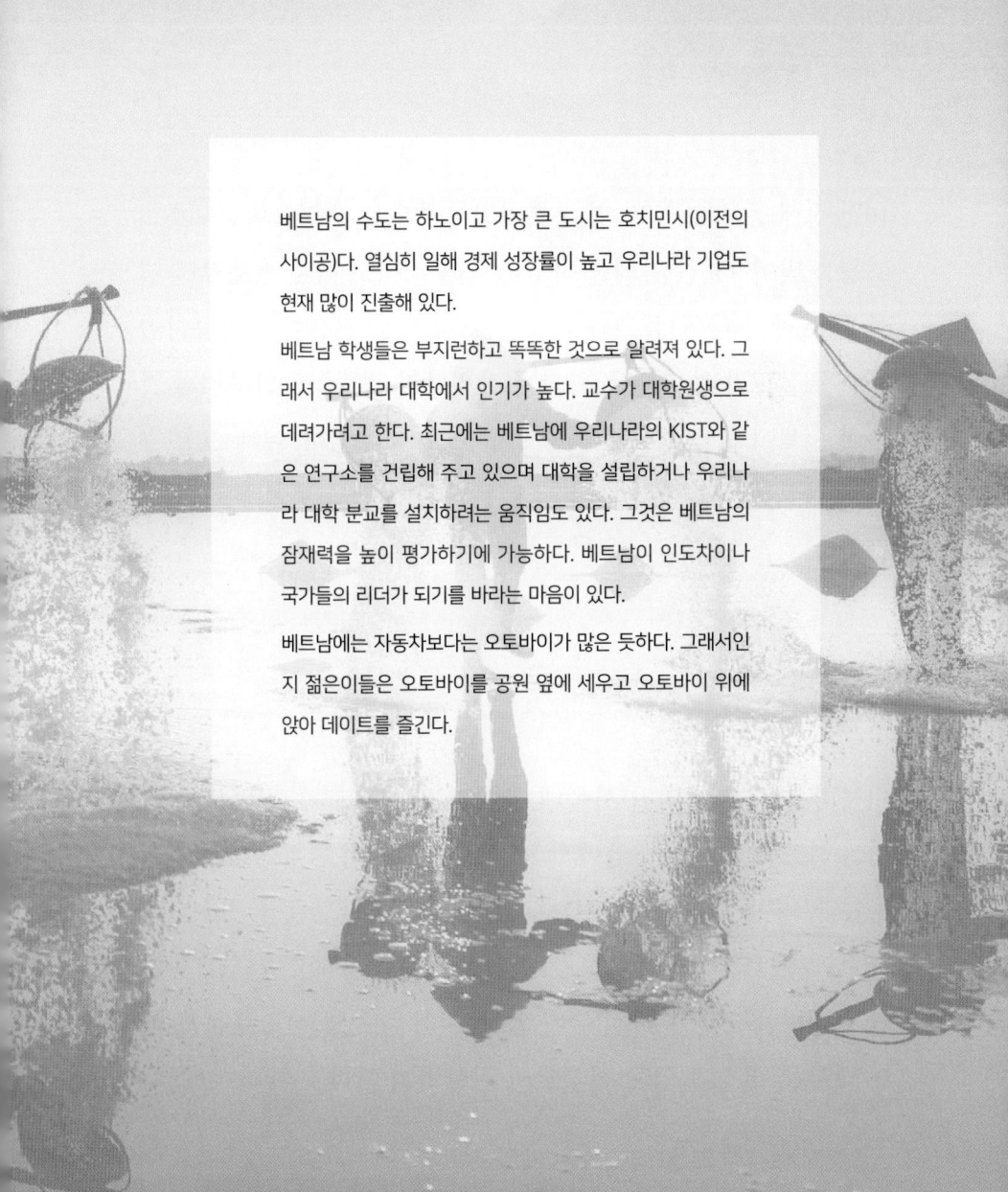

베트남의 수도는 하노이고 가장 큰 도시는 호치민시(이전의 사이공)다. 열심히 일해 경제 성장률이 높고 우리나라 기업도 현재 많이 진출해 있다.

베트남 학생들은 부지런하고 똑똑한 것으로 알려져 있다. 그래서 우리나라 대학에서 인기가 높다. 교수가 대학원생으로 데려가려고 한다. 최근에는 베트남에 우리나라의 KIST와 같은 연구소를 건립해 주고 있으며 대학을 설립하거나 우리나라 대학 분교를 설치하려는 움직임도 있다. 그것은 베트남의 잠재력을 높이 평가하기에 가능하다. 베트남이 인도차이나 국가들의 리더가 되기를 바라는 마음이 있다.

베트남에는 자동차보다는 오토바이가 많은 듯하다. 그래서인지 젊은이들은 오토바이를 공원 옆에 세우고 오토바이 위에 앉아 데이트를 즐긴다.

연구소 방문

10년 전에 동료 교수 몇 명이 호치민시에 있는 생명공학연구소의 초청을 받아 3일간 강의를 하였다. 연구소라고 하지만 조그만 건물 한두 개가 다였다. 그래도 벽을 보니 새로 건설할 생명공학연구소 조감도가 보였는데, 규모가 우리나라 생명공학연구원과 견주어 손색이 없을 정도로 멋있고 규모도 커 보였다. 이제 그 연구소는 완공됐다고 한다. 이것이 베트남의 성장을 보여주는 한 모습이다.

빗물박사

빗물박사로 잘 알려진 서울대 공대의 한무영 교수의 빗물 이야기는 하노이 근처의 마을에서 시작한다. 오래전 한무영 교수에게 물었다. 왜 빗물을 연구하시느냐고. 도시가 아니고 농촌이다 보니 상수도가 보급이 안 됐다고. 그러면 강물을 이용해도 될 텐데? 강물은 심하게 오염돼 마실 수가 없다. 지하수도 있는데, 우물을 파면 대부분 비소가 있어 식수로는 적당하지 않다고 했다. 그러니

● 오래전 연구소 건물

● 교육 수료식

마실 물이 빗물밖에 없어 빗물을 마실 수 있게 하는 것에 관심을 가지고 연구했다고 한다. 빗물에는 공기 중의 먼지가 약간 섞여 있으니 먼지만 가라앉게 하면 깨끗한 물이 되는 것이다.
그래서 하노이 근처의 농촌 마을에 빗물을 받아 저장하고 마실

● 빗물저장시설 설치 후 기념 촬영

수 있도록 설비를 해 주었다. 기념사진도 찍었다. 보통은 그렇게 하고 나면 그곳을 잊어버리는데 한무영 교수팀은 이듬해에 다시 그곳을 방문했다. 방문하고 보니, 별로 사용하고 있지 않다는 것을 알았다. 왜 그런가 하여 조사해보니 어딘가 조금씩 고장이 났고 주민들은 빗물을 받아 사용하는 것에 기대하지 않았다고 했다. 어쨌든 다시 잘 보수하여 주고 돌아왔다. 그 이듬해에 다시 가 보았더니 여전히 잘 사용하지 않았는데, 이유는 내 것이 아니고 외국인이 해준 것이니 애착이 없었던 것이었다. 그래서 마을 주민들이 조금씩 돈을 내게 해 주민 것이라는 인식을 심어주고 시설을 개선했는데, 4차년도에 가 보니 여전히 문제가 있었다. 일단 고장이 나면 속수무책이어서 마을 단위로 큰 시설을 하고 물을 가져갈 때 조금씩이라도 돈을 내게 했다. 그 돈으로 한 명을 고용하여 유지보수를 하게 했더니 그제야 제대로 돌아간다는 것을 체험하게 됐다. 5차년도에는 미술을 공부하는 학생과 같이 가서 빗물장치를 아름답게 칠하고 그림도 그려주고 왔다고 했다. 몇 번의 시행착오를 한 후에 정상적으로 잘 되고 있음을 보여준 귀중한 사례다. 주민의 참여를 통한 주인 의식, 유지보수 인력의 채용을 통해서 비로소 지속가능하게 된 것이다. 기술과 아이디어는 시작에 불과했다.

최근에는 국경없는과학기술자회가 하노이 근처의 마을에서, 삼성전자가 후원하는 마을의 식수시설사업을 담당했다. 비가 많이 올 때는 빗물을 활용하고 비가 적게 오는 건기에는 지하수를 활용, 정수해 식수로 공급하는 시설을 한 것이다. 빗물도 귀중한 식수원으로 간주한 것이다.

하롱베이 관광

2018년 모처럼 고등학교 친구들과 어울려 하노이 관광을 갔다. 관광 코스에는 세계적으로 유명한 하롱베이가 포함돼 있었는데 가보니 그 멋있는 절경을 보러 세계의 많은 이들이 이곳을 찾았다. 바다 가운데 어떻게 이렇게 아름다운 섬이 솟아있을 수 있는지 자연의 위용과 신의 조화를 보는 느낌이 었다. 이곳의 경치가 너무 아름다워 영화 '인도차이나'의 배경이 되기도 해서 더 잘 알

● 하롱베이

려져 있다. 이제 베트남의 경제도 발전하기 시작해 하롱베이의 아름다움은 더 많이 알려지고 있고 더 많은 관광객이 찾고 있다. 그러니 하롱베이를 세계적인 관광지로 만들려고 시내에는 대단위 관광지 개발이 한창이다.

과학기술ODA

우리나라 연구재단 산하에 '지구촌기술나눔센터Global Networking for Sharing Appropriate Technology'가 있다. 연구재단은 과학기술부 산하에 있으니 과학기술부 산하에 있는 것으로 생각할 수 있다. 오래전 정부에서는 글로벌한 과학기술나눔사업을 구상했다. 무엇인가 필요한 사업으로 생각되는데 구체적인 계획을 마련하려고 과학기술분야 연구원에서 기획을 했다. 연구원에서 저자에게 자문을 해달라고 하여 평소의 생각을 좀 이야기했다.

개발도상국에서 봉사활동을 하거나 원조하는 사업이 많은데, 현지의 실정을 잘 모르는 상태로 가 활동을 하므로 성공할 확률이 낮다. 기술도 현지화가 돼야 한다. 그러니 현지에 거점센터를 만들어 그 거점센터를 중심으로 지역 여건을 고려하여 사업을 하면 좋겠다. 그리고 국내에 글로벌한 과학기술 이슈를 연구하고 그러한 거점센터를 지원하는 본부가 있으면 좋겠다고 했다.

그랬더니 그 제안이 받아들여져, 거점센터사업이 시작되고 국내의 지원본부사업이 시작된 것이다. 거점센터사업은 캄보디아를 시작으로 라오스, 네팔, 탄자니아, 에티오피아, 베트남, 인도네시아에 7개 센터가 설립됐다. 국내의 지원본부 사업으로는 '지구촌기술나눔센터'가 설립돼 현재는 연구재단 산하 조직으로 있다. 연구재단 산하는 임시적이라고 생각되므로, 앞으로 더 효율적인 조직으로 발전시켜야 하는 것이 과제다.

그 외에도 연구재단의 사업에는 개발도상국의 대학, 연구소 등을 지원하는 사업, 과학기술봉사단 파견 사업 등이 많이 있다.

KOICA에도 과학기술 관련 원조사업이 많이 있는데, 과학기술 위주가 아닌 종합적인 지역개발사업 등이다.

크게 보면 이러한 사업들이 과학기술 중심의 ODA 사업이라고 할 수 있다.

인도네시아 *Indonesia*

인도네시아는 국토면적으로 세계에서 5번째로 큰 나라고 인구가 2억5천만 명 이상으로 세계에서 5번째니 발전 잠재력은 매우 크다고 할 수 있다. 현재는 개발도상국에 속하여 우리나라에서 도와주러 많이 간다.

수도 자카르타Jakarta는, 인도네시아가 오랫동안 네덜란드 지배를 받아서인지, 동남아시아의 세계적인 도시다. 여기저기에 가난한 동네가 있고, 호텔에 들어갈 때는 보안검색을 엄격히 하지만 어떤 부분은 국제적인 도시로서 손색이 없다. 시내에 있는 그랜드 인도네시아 몰Grand Indonesia Mall은 쇼핑센터로서 세계 수준급이다. 하기야 어디를 가도 부자는 있으니, 그들을 상대로 한 고급 식당과 백화점은 다 있겠지만, 그곳은 자카르타 시민의 수준과 문화를 생각나게 하는 곳이다.

학회 참석

2016년 여름 그곳 생명공학연구소의 시스와Siswa Setyahadi 박사가 초청하여 쟈카르타를 방문했다. 시스와 박사는, 가서 보니, 인도네시아 미생물학회 회장이었고 2018년도까지가 임기라고 한다. 그는 일본에서 박사 받은 공학자인데 미생물학회 회장을 하고 있다는 것이 다소 신기해 보였다. 2일 동안 숙소인 호텔 안에서 진행된 학회 발표에 참석하고 발표도 했다. 미생물학회다보니, 감염관련 질병과 치료, 지카바이러스 등 바이러스 이야기, 장내Gut 미생물 등 평소 잘 모르는 이야기를 많이 들을 수 있었다. 인도네시아 르왁커피Luwak Kopi에 대하여도 들을 수 있는 기회였다. 2일 동안 바깥 구경은 못 했으나 알찬 학회 참석이었다. 화학공학학회나 생물공학학회에 가면 옆의 동료가 하는 것을 이해할 수 있지만. 화학학회나 생물학학회에 가면 내가 잘 모르는 이야기가 있다. 그래서 새로운 아이디어를 얻는데 도움이 되는 이야기를 들을 수 있어서 좋다.

● 조금만 밖으로 나가면 산속에 가난하게 생활하는 이들을 볼 수 있는 곳이 인도네시아다. 예를 들면, 인도네시아 동쪽 끝에 이리안 자야Irian Jaya라는 섬이 있는데 이곳은 인류학자들이 원시 인류 문화를 연구하기 위해 찾는 곳이다.

인도네시아대학 체류

인도네시아정부는 인도네시아를 발전시키는데 대학의 발전이 매우 중요하다고 느껴 대학 발전을 위하여 많은 투자를 하고 있다. 그중의 하나로 대학의 연구역량을 향상시키려고 저명한 외국 교수를 초청하는 프로그램을 만들었다. 인도네시아대학교University of Indonesia 화학공학과의 고잔Misri Gozan 교수가 저자를 초청했다. 대학원생들의 연구 지도가 주 임무였다. 연구란 시대적으로나 사회적으로 의미 있거나 필요한 일을 새로운 방식으로 탐구하여 쓸모 있는 결과를 창출해야 한다. 이러한 개념이 분명하지 않으면 대학의 실험보고서나 회사의 개발보고서 수준이 되는 것이다. 그래서 연구하는 학생들에게 무엇이 독창적originality이고 무슨 의미

significance가 있는지 질문하면서 같이 토의로 생각을 정리해 연구를 잘 하도록 자문해주는 일을 했다.

인도네시아는 자연환경이 좋아 열대우림이 많은 지역이다. 그러다 보니 목재 등 바이오자원을 이용하는 산업에 관심이 많다. 오래전부터 인도네시아 목재는 가구를 만드는데 많이 사용됐다. 보르네오 가구가 그중의 하나다. 석유의 사용으로 인한 지구온난화를 막을 대안으로 떠오른 바이오화학산업을 하는데 인도네시아는 매우 중요한 나라다. 현재로서는 산유국이 중요하다고 하지만, 향후 바이오자원을 많이 가진 나라가 산유국과 같은 대우를 받을 것이다. 그러다 보니 인도네시아대학 화학공학과에서는 바이오자원을 이용해 소재를 만드는 연구를 많이 하고 있었다. 향후 바이오화학이 발전하면 바이오자원국과의 협력이 중요하다. 일차적인 가공은 인도네시아 현지에서 하고 최종 소재를 생산하는 것은 우리나라에서 하는 방식이 바람직하기 때문이다.

더 생각하면 자원을 아끼고 절약하는 것이 우선해야 한다. 지금과 같은 대량생산과 소비사회에서는 인간의 욕망은 지구온난화를 가속화시키고 바이오자원도 고갈시킬 수 있기 때문이다. 절약하고 자원을 리사이클하고 필요하면 생분해성 플라스틱을 사용하는 것이 바람직하다. 몇 년 전 우리나라의 한국과학기술연구원 KIST에서 인도네시아에 바이오자원을 이용해 에너지로 사용될 수 있는 에탄올 시범공장 pilot plant을 세워준 것은 잘한 일이다. 향후 야자열매폐기물 등 농업폐기물을 활용하는 이슈, 그리고 커피폐기물 등 바이오자원을 활용하는 기술이 현지에서 개발되고

● 인도네시아 하면 먼저 발리Bali가 떠오르는데 가끔은 Bally라고 쓸 때가 있다. 둘 다 유명한데, 주의를 기울이지 않아서라고 생각된다. 20년 전 대학에서 보직을 할 때 휴가를 내어 발리를 갔다. 마을 집집마다 문에 신을 모시는 제단이 있고 거기에 꽃과 음식이 있는 것이 인상적이었다. 오래전 화산 활동을 했던 산 입구까지 가기도 하고, 바다도 즐기고 좋은 시간을 보내고 있었다. 휴가 중이면 휴가만 즐겨야 하는데, 휴가 중에 이메일을 열어 보았다. 매우 골치 아픈 메일이 와있었다. 그것이 계속 머릿속을 맴돌아 휴가 기간이 즐겁지 않았다. 출장을 갔으면 메일을 열어 봐야겠지만, 휴가면 전화가 올 때까지는 열어 보지 말아야 한다.

활용되는 것이 인도네시아에 필요한 일이다.

몇 차례 시간을 내어 관련 학회에 가고, 다른 대학도 방문했다. 학회에 참석하니 대학에서 금 채광에 대한 새로운 기술을 발표해 유심히 들었다. 금을 채굴하고 정련하는 과정에서 수은을 사용하는데 작업자들이 수은에 중독되어 고생한다는 이야기를 했다. 그러한 사정이니 인도네시아 대학의 교수가 관심을 갖고 연구하는 것은 당연하다. 금과 불순물의 비중 차이를 이용하는 방법을 개발했다고 하는데 얼마나 활용될 수 있는지는 또 다른 이슈다. 수은으로 인하여 고생하는 작업자가 없었으면 좋겠다.

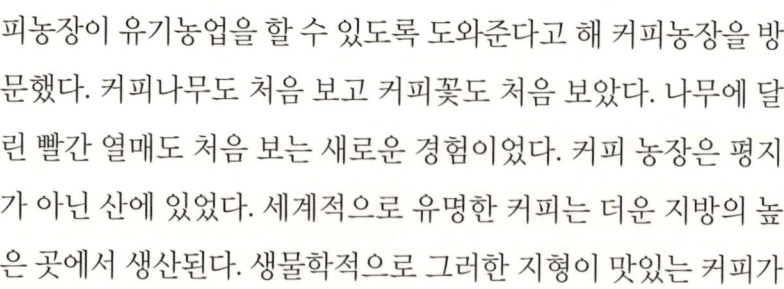

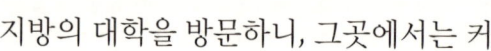
● 커피나무 (위) 커피 원두 (아래)

지방의 대학을 방문하니, 그곳에서는 커피농장이 유기농업을 할 수 있도록 도와준다고 해 커피농장을 방문했다. 커피나무도 처음 보고 커피꽃도 처음 보았다. 나무에 달린 빨간 열매도 처음 보는 새로운 경험이었다. 커피 농장은 평지가 아닌 산에 있었다. 세계적으로 유명한 커피는 더운 지방의 높은 곳에서 생산된다. 생물학적으로 그러한 지형이 맛있는 커피가 생산되는 데 꼭 필요하다. 더워야 광합성을 많이 한다. 밤에는 높은 곳에 있으면 추워지니 커피나무가 밤에는 대사산물을 많이 합성한다. 추우면 곰팡이나 세균에 의하여 침입받기가 쉬우니 자기를 방어하기 위해 대사산물을 만드는 것이다. 그곳에서는 화학비료나 농약을 사용하지 않고 퇴비나 바이오농약 등 자연적인 방법으로 커피나무를 재배하고 있다. 농장에서 마을로 내려오니 주민들이 커피를 말리고 있었다. 안내하는 분이 평소 친분이 있는 어느 집을 방문하자고 했다. 집에 들어가니 할머니가 반갑게 맞아 주면서 커피를 대접한다. 사람 사는 정이란 이런 것이라는 것을 느끼는 순간이었다.

● 손녀 사진을 성모마리아 성화에 넣었다.

사회공헌교수회

(사)국경없는과학기술자회 모임을 하느라고 농대 교수, 사대 교수, 의대 교수 등과도 연락을 하게 되면서 서울대 교수 중에도 좋은 일 하는 분이 많다는걸 알게 됐다. 정보라도 서로 나누고 협력하면 좋을텐데 하다가, 2017년 6월에 교수들끼리 스스로 서울대 사회공헌교수회를 창립하게 되었다. 저자와 의과대학의 안규리 교수가 공동회장을 맡고, 윤제용 교수가 총무로 수고를 했다.

오래전부터 서울대에서는 사회공헌단을 만들어 학생들의 사회봉사를 적극 지원했다. 성낙인 총장은 선한 인재를 강조하면서 학생들의 사회공헌을 지원했다. 교수들도 각자 좋은 일을 하고 있거나 관심있는 이가 꽤 있었지만 연계는 잘되지 않았다. 저자는 선한 인재로 키우려면 선한 교수가 있어야 하는데, 그런 교수가 꽤 있으니 사회공헌단의 일부로 그런 조직을 가지면 좋겠다고 말했다. 직원 중에도 좋은 일을 하는 이가 꽤 있을테니, 교수, 학생, 직원이 같이하는 사회공헌단이 되면 좋을 듯했다. 하지만 행정조직을 만드는 것은 실제로 시간이 걸리는 일이다. 어느 날 윤제용 교수가 우선 교수끼리 모임을 만들자고 제의하고 서로 연락을 해 '사회공헌교수협의회'를 창립한 것이다. 저자는 정년 퇴임하면서 회장직을 물러났고, 그 후 김병기 교수와 안규리 교수가 공동회장을 맡고 있다.

2019년 봄에는 '2019 SNU 사회공헌 Fair'를 하여 정보와 경험을 같이 나누었다. 그때 '사회공헌교수회'로 이름을 바꾸었다.

서울대의 발전에는 소위 '미네소타프로젝트'가 크게 기여했다. 해방 후 서울대가 새롭게 설립된 후에 미국에서는 우리나라의 대학을 지원하는 원조프로그램을 만들었고 미네소타대학이 중심이 되어 그 계획을 실행한 것이다. 그래서 많은 서울대 교수, 학생이 미네소타대학에서 학위과정을 밟거나, 연수했으며 미네소타대학에서 자문단을 구성해 서울대 발전을 위한 자문 등 중요한 일을 많이 해 주었다. 서울대 구성원들은 그러한 사실을 잘 알고 고마워하고 있으며 언젠가 우리도 신세를 갚아야 한다고 생각하고 있다. 조만간 그러한 목적의 프로젝트도 수행될 것으로 기대해본다.

우즈베키스탄 *Uzbekistan*

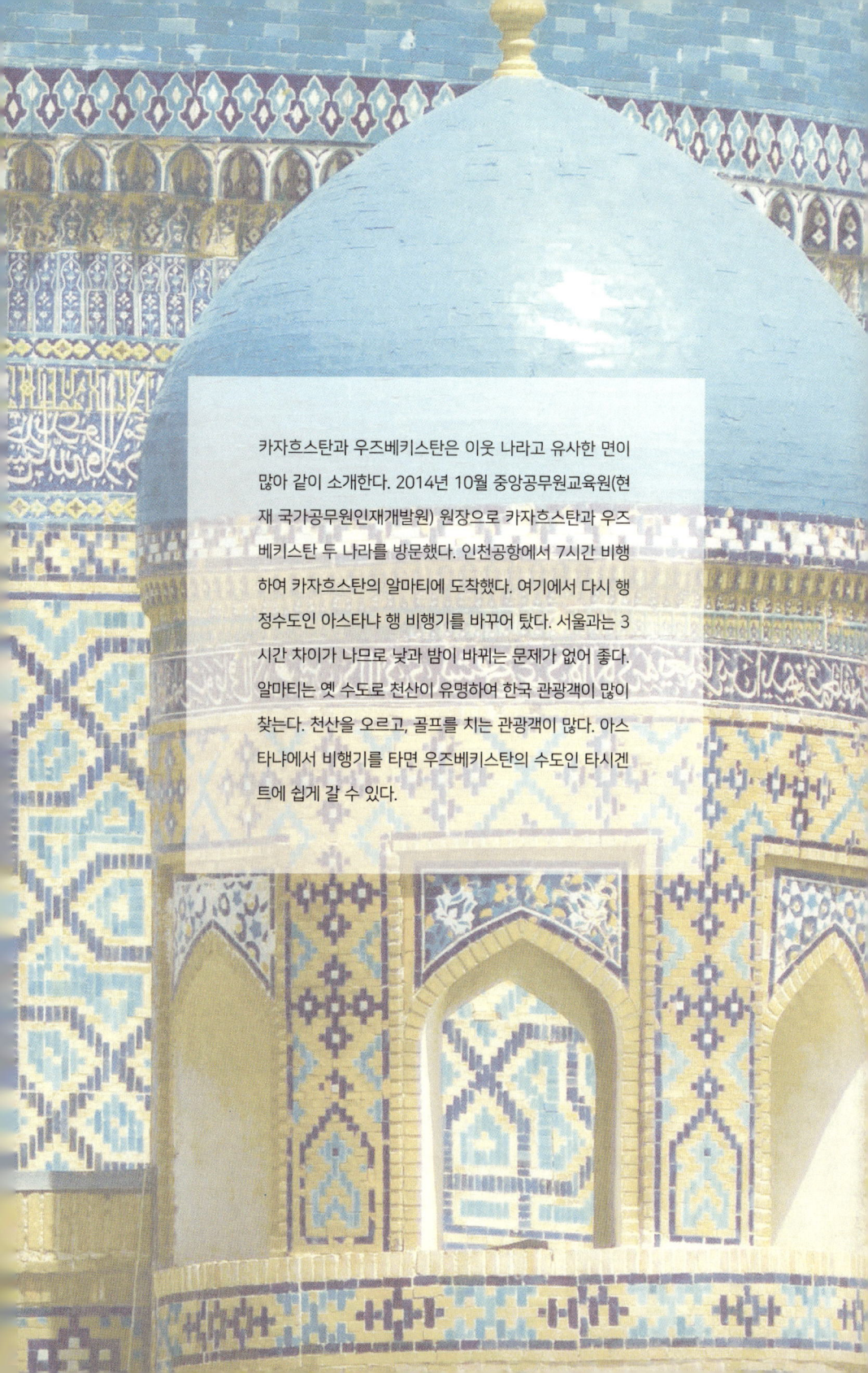

카자흐스탄과 우즈베키스탄은 이웃 나라고 유사한 면이 많아 같이 소개한다. 2014년 10월 중앙공무원교육원(현재 국가공무원인재개발원) 원장으로 카자흐스탄과 우즈베키스탄 두 나라를 방문했다. 인천공항에서 7시간 비행하여 카자흐스탄의 알마티에 도착했다. 여기에서 다시 행정수도인 아스타냐 행 비행기를 바꾸어 탔다. 서울과는 3시간 차이가 나므로 낮과 밤이 바뀌는 문제가 없어 좋다. 알마티는 옛 수도로 천산이 유명하여 한국 관광객이 많이 찾는다. 천산을 오르고, 골프를 치는 관광객이 많다. 아스타냐에서 비행기를 타면 우즈베키스탄의 수도인 타시겐트에 쉽게 갈 수 있다.

카자흐스탄과 우즈베키스탄

카자흐스탄과 우즈베키스탄 두 나라는 공통점도 많고 다른 점도 많은데, 간단히 비교한다.

	카자흐스탄	우즈베키스탄
국토 면적	한반도의 12배	한반도의 2배
인구	1,700만	3,000만
수도	아스타냐	타시켄트
큰 도시	알마티	사마르칸트
1인당 GDP	$15,000	$3,000
주요자원	석유, 가스, 우라늄	가스

식당에 가면 말고기 요리가 고급 메뉴다. 말고기가 가장 좋은 식재료라고 했다. 고기의 지방도 불포화지방이어서 몸에 좋다고 했다. 말 젖을 발효시킨 음료(알콜이 약간 있다.)를 주면서 귀한 손님이 오면 대접하는 음료라고 했다. 일본의 규슈지방에도 말사시미가 유명하다. 전쟁용으로 말을 키우다가 죽으면 잡아먹는가 했는데 식

용으로 따로 키운다. 우리나라에서도 제주도가 말이 유명해 제주도에 가면 말고기를 맛볼 수 있다. 카자흐스탄은 유목민이 많고 겨울이 오기 전에 말 한 마리를 잡으면 한 가족이 겨우내 먹을 수 있다고 했다. 특히 일본에서 맛본 말사시미는 살코기 중간중간에 마블링이 있어 선입견 없이 먹으니 맛이 꽤 괜찮았다.

공무원 교육

 우리나라 국가발전의 원동력에는 공무원의 헌신적인 노력과 우수한 역량이 있음을 간과할 수 없다. 교육은 이러한 공무원의 자세와 역량향상에 필수 요소다. 우리나라의 공무원 교육은, 개선할 점은 많이 있지만, 시스템으로 보면 세계 수준급이다. 직급별 교육, 전문화된 교육과정, 사이버 교육과정 등 체계적인 면이 잘 갖추어져 있는 점은 외국 공무원 눈에는 부럽게 보이는 모양이다. 그래서 외국에서 우리나라의 공무원 교육을 벤치마킹하러 많이 온다.

현재 외국 공무원에 대한 교육은 예산상의 이유 등으로 매우 한정되어 있다. 외국 공무원을 교육시키고, 자문해주고, 교육원 설립을 도와주는 것이 바람직하다. 우리나라의 공적개발원조ODA 예산은 계속 늘어나고 있다. 증가액 중 일부를 공무원 교육에 투자한다면, 우리나라의 위상 제고는 물론 국제적인 협력에 크게 기여할 것이다. 가난한 나라에 빵을 주는 것도 중요하지만 근본적으로는 사람을 변화시켜야 한다. 그것은 교육이다. 공무원이 바로서면 나라가 제대로, 빨리 발전한다. 친한파 공무원이 많아지면 정치, 경제 등의 외교도 훨씬 용이해진다.

요즘은 공무원 교육에 가난한 이들에게 시급한 내용을 포함시키자고 한다. 예를 들면 에너지 문제에 관련해 단기적으로는 대도시에 송전망을 깔고 차차 농촌, 산간지방으로 확대한다고 하는 것이 전형적인 정부의 정책인 듯하다. 그러면 농촌과 산간지방에 전기가 언젠가는 들어올 텐데, 그때까지는 알아서 해야 하는지 의문이 생긴다. 그래서 국내, 해외의 봉사단체들이 도움을 주고 있는지 모르겠다. 한시적으로 봉사단체의 도움을 받더라도 정부에서 이러한 상황을 파악하고 있다면 나름대로 방안을 강구해 효율을 높이고 주민들의 편의를 제공할 수 있을 것이다. 공무원들이 이러한 이슈에도 관심을 가졌으면 좋겠다.

반부패 성념 교육

카자흐스탄의 공공행정아카데미(우리나라의 공무원교육원에 해당)를 방문했다. 비행기가 카자흐스탄의 수도인 아스타냐 공항에 도착한 시각은 밤 10시. 짐을 찾아 나오니 10시 30분이 넘었는데 공공행정 아카데미의 총장 등 그곳 직원들이 우리를 반겨주었다. 주말이고 이렇게 늦은 시간에 총장이 반겨줄 것이라고는 전혀 생각하지 못했다. 상대방 직원도 총장이 손님 맞으러 공항 나간 것은 총장 취

● 우즈베키스탄 공무원교육원에서의 강연

임 후 3년 사이에 처음이라고 했다. 그만큼 우리나라에 대해 친근하게 여겼고 기대가 크기 때문이리라 생각했다.

카자흐스탄은 한반도 면적의 12배나 되는 큰 나라로 석유, 가스, 우라늄 등 지하자원이 많아 오래전부터 우리나라의 자원외교 대상국이자 주요 전략적 협력국의 하나다. 우리는 그곳 고위공무원을 대상으로 산업발전이라는 주제로 사흘간 교육을 했다. 저자도 산업혁신을 위한 창의인재란 제목의 기조강연을 했으며 동행한 우리 쪽 교수 3명이 강의를 하고 토론도 이끌었다. 교육 후 이번 교육과정이 고위공무원들의 정책구상과 산업혁신 방향설정에 많은 도움이 됐다는 평가를 받았다.

관계자들과 만나 여러 협의를 하는 중 반부패 교육에 관심이 있다고 하며 경험을 공유하고자 했다. 실제 우리나라는 러시아, 남아프리카, 베트남, 파라과이 등의 공무원에게 반부패 관련교육을 해오고 있다. 미국 등 선진국보다 공무원의 청렴도는 아직 낮지만 다른 나라에서 보기에는 단시간 내에 우리나라 공무원의 청렴도가 많이 향상됐다고 생각해 그 경험을 배우고, 의견을 나누고 싶었던 것이다.

전자정부시스템을 이용한 투명성 제고, 공직자 재산 공개, 인사시스템 등 구체적인 경험을 공유하는 것도 중요하지만 공직가치 교육이 밑바탕에 포함되는 것이 중요하다고 했더니 매우 공감하는 눈치였다. 공무원에게 있어서 가장 기본적이고 중요한 가치는 공직가치이다. 공직가치는 헌법가치를 바탕으로 국가관, 윤리의식으로 구성된다. 공직가치 정립은 인지 – 소극적 동의 – 강력한 의지 – 실천 단계로 나눌 수 있는데, 공무원의 수준을 조사하여 이것을 토대로 교육해야 한다고 설명해주었다.

정부시스템과 발전

카자흐스탄의 대통령은 누르스탄 나자르바예프Nursultan Nazarbayev나. 1990년에 대통령이 된 후 2019년 초까지 대통령직을 유지하고 있었다. 더 놀라운 것은 종신직으로 할 수 있도록 법을 바꾸었다는 것이다. 그러니 행정이 일사불란하게 움직이는 듯하다. 우리처럼 5년마다 바꾸는 경우와 비교하니, 미국처럼 4년 중임제와 비교하니 놀라울 뿐이다. 이럴 수가 있는가 생각해보지만, 카자흐스탄 국민은 대부분 대통령을 좋아했나고 한다.

중국의 시진핑과 같은 지도자 선출에 대한 이야기는 우리로 하여금 많은 것을 생각하게 한다. 중국에서는 공산당원이 되면 오랜 기간 검증을 거치면서 위로 올라간다. 성장省長과 고위직 참모를 거쳐야 지도자 후보가 된다는 것이다. 성장 경력은 행정능력이 있다는 것이고 고위직 참모는 머리도 좋다는 뜻이다. 두 조건이 갖추어진 이 중에서 다시 엄청난 경쟁을 거쳐 지도자가 된다고 하니, 우리나 미국처럼 어느 날 스타가 되어 표를 얻어 대통령이 되는 경우와는 질적으로 차이가 난다. 지도자가 된다고 해도 갑자기 기존 정책을 바꿀 수 없다. 10년 임기 중 초기 5년은 전임 팀들이 만들어 놓은 정책을 이어가야 하고, 5년이 지나야 독자적인 새로운 정책을 내놓을 수 있다고 한다. 우리처럼 대통령이 바뀌면 전임자의 정책이 무시당하는 것과는 아주 비교되는 부분이다. 외국에서는 우리나라의 지도자 임기가 5년이니, 그 뒤에 어떻게 달라질지 몰라 아주 조심스럽게 우리에게 접근한다는 이야기다. 얻는 것보다 잃는 것이 많아 보인다.

대통령제가 최고의 해답인지, 5년 단임제가 좋은지 생각해보아야 한다. 정치가가 기회를 잡기에는 5년 단임이 좋겠지만, 국민에게는 어떨까?

사마르칸트 : 실크로드의 중심지

돌아오는 날은 정부 과장과 대사와의 약속 외에 따로 일정을 잡지 않았는데, 같이 간 직원들이 사마르칸트Samarkand를 꼭 가보아야한다고 했다. 그래도 망설였는데 대사관에 근무하는 참사관마저 우즈베키스탄을 이해하려면 그래야 한다고 했다. 우즈베키스탄의 수도 타시켄트Tashkent에서 300km 떨어진 곳으로, 고속기차로 2시간 10분 걸려 도착했다.

 우즈베키스탄의 역사는 참으로 복잡하다. 구석기시대부터 문명이 존재했으며, BC 6세기에는 페르시아, BC 4세기에는 알렉산더 대왕이 점령, 6세기 이후 돌궐족이 지배하고 751년 사라센제국이 전쟁에서 승리함으로써 이슬람권으로 됐다. 다시 13세기에는 몽골의 지배를 받다가 1369년 티무르Temur가 그 지역을 통일해 티무르제국이 됐다. 그러나 티무르제국도 130년 후인 1507년에 망하고, 다시 1865년에는 러시아에 합병되는, 흥망성쇠가 계속 반복되는 역사를 가졌다. 그러다가 1991년 소련연방이 붕괴하면서 우즈베키스탄으로 독립하게 된 것이다.

먼저 간 곳은 티무르왕의 무덤이 있는 곳이었다. 그 당시 서쪽으로는 지금 터키의 앙카라까지, 남쪽으로는 인도의 델리까지, 동쪽은 중국까지가 티무르제국의 영토였다. 수도가 사마르칸트였는데, 지금은 관광지가 된 것이다. 중국의 시안에서 출발하는 실크로드는 터키 앙카라까지 연결되는데 중간 지점이 사마르칸트여서 과거에 더 번성했다. 시안에서 그곳까지 9개월, 그곳에서 앙카라까지는 9개월의 여정이었다.

티무르왕의 손자 중 울르그벡이 왕이 되어 학교도 세우고, 천문학 연구도 하여 왕국이 번성할 기회가 왔는데, 아쉽게도 일찍 죽

● 과거에 이 길이 실크로드였다고 한다.

● 티무르 왕의 모습

었다. 그의 아들을, 왕이 될 자질이 부족하다고 해, 후계자에서 제외했는데, 그 아들이 아버지를 죽이고 왕이 됐다고 한다. 권력이 그렇게 좋은가보다. 조선 세종대왕 시절 천문학을 배우러 학자들을 명나라에 보냈는데, 명나라에서는 천문학의 원조는 티무르제국이라고 해서 조선의 학자가 사마르칸트까지 왔다고 한다. 우즈베키스탄의 옛이야기를 듣다 보면 나라의 흥망성쇠에 관심이 가게 되고, 이렇게 여러 민족의 흥망이 있었던 우즈베키스탄이 역사공부 장소로, 소재로 좋다는 생각이 들었다.

퀴즈

사마르칸트에서 들은 왕비와 건축가가 주고받았다는 퀴즈가 있어 소개한다. 건축가가 왕비에게 호감을 표시했더니 왕비가 색을 다르게 한 계란 3개를 건축가에게 보냈다고 한다. 외형은 달라도 내용물은 같은 계란이라는 뜻이다. 그랬더니 건축가가 왕비에게 내용물을 다른 것으로 채운 잔 3개를 보냈다. 하나는 와인, 하나는 물, 하나는 식초. 겉으로는 다 하얗게 보이지만 맛은 다르다는 뜻이다. 그러고는 사고가 생겼다고 했다.

우리나라의 지원

특별히 관계자에게 부탁하여 KOICA 우즈베키스탄 사무소를 방문했다. 그곳에는 우리나라에서 파견된 소장과 몇 명의 한국 직원 그리고 현지 직원이 일하고 있었다. 우리나라가 어떻게 우즈베키스탄을 지원하느냐고 물었더니, 우즈베키스탄 정부 부처의 관계 공무원으로부터 요청사항을 접수하고 대사관과 관계자의 의견을 참고하여 자료를 서울 사무소로 보낸다고 했다. 이 과정에서 NGO의 의견이 반영

되면 좋겠다고 해주었다. 또 우리나라의 많은 봉사단체에서 우즈베키스탄으로 오면 KOICA 사무소에서 친절히 자료도 제공하고 현실을 설명해주면 좋겠다는 평소의 바램도 이야기했다.

최근에 인하대학교에서 현지에 대학을 설립하여 우즈베키스탄의 인재를 교육하고 있음은 매우 자랑스러운 일이다. 우리나라 정부의 차관사업으로 화학기술연구원도 설립할 것이라고 한다. 또 우수한 과학기술대학을 우리나라에서 설립해주기를 바라고 있다.

KAIST는 케냐에 설립되는 케냐과학기술대학 설립 사업 (1억 달러 규모의 차관사업)에 참여하고 있다. 최근에는 우리나라에 과학기술대학을 설립해 달라고 하는 요청이 많이 온다. 아시아, 아프리카의 국가들과 대학 설립을 위한 이야기가 진행중이다. 우리나라의 발전경험, 발전의 원동력인 교육, 그리고 과학기술 능력을 보고 협력하자는 것이다. 전 세계에 우리나라의 교육 모델을 소개하고 협력하는 것도 바람직할 것이다. 국내의 여러 기업이 우즈베키스탄에 진출하고 있는데, 그중의 하나는 롯데케미칼의 수르길프로젝트이다. 그것은 가스가 풍부한 우즈베키스탄에서 가스를 원료로 하는 화학공장을 건설하여 최근 준공한 일이다.

공적개발원조

우리 정부가 공적개발원조ODA를 하는 것은 크게 두 조직을 통해서다. 하나는 무상원조로서 KOICA가 담당하고, 다른 하나는 유상원조로서 수출입 은행을 통한 차관사업이다. 그 외에도 최근에는 정부 여러 부처(예:과학기술부, 교육부 등)를 통해서 다양하나 소규모로 이루어진다.

수출입은행은 주로 차관 공여 사업을 하는데 대학 설립, 연구소 설립, 댐, 도로 건설 등의 인프라 건설 등이 그 예다. 대학을 하나 설립하는 데는, 규모에 따라 다르나 최근의 한 경우에는 1억여 달러의 예산이 책정됐다. 그중에서 10% 정도는 기획과 자문에, 나머지 90% 정도는 건물과 시설에 투자된다. 그러면 몇 년 후에는 멋있는 건물과 시설이 있는 대학이 설립된다. 그런데 운영자금 조달이 원활치 않아, 대학 설립은 되었지만, 장학금, 연구비, 실험실습비 등 운영비가 별로 없어 질 좋은 교육과 연구가 이루어지지 않는다는 이야기를 많이 듣는다. 차관은 해당 국가에 돈을 빌려주는 것이니 잔소리를 많이 할 수 없으나, 대학이 잘 운영되기를 모두 바란다면 보여주기식 전시 행정에서 벗어날 수 있는 지혜를 발휘해야 한다.

특정 국가를 지원하려면 수출입은행과 KOICA 그리고 관련 정부 부처가 협력해야 하는데, 소통도 잘 안 되고 협력이 잘되지 않는 경우가 많은 것으로 외국에 소문이 난 듯하다. 그래서 총리실에서 중재를 담당하는 위원회도 있지만 부서이기주의로 만만치 않다고 하니 누군가가 제도가 효율적이 되도록 개선하면 좋겠다. 그래서 우리나라의 해외 원조가 모범적으로 또 성공적으로 이루어지기를 희망한다.

UN은 글로벌한 지구촌을 생각한다. 세계의 평화와 인류의 복지를 위해 노력한다. 그중의 하나로 2000~2015년까지 MDG(Millennium Development Goals)를 설정하고 가난을 퇴치하기 위해 노력했다. 그러다가 그것으로는 한계가 있다고 생각해 목표를 SDG(Sustainable Development Goals)로 바꾸어 노력하고 있다. 17개의 세부 목표가 있지만, 전체적으로는 물, 에너지, 환경, 위생 등과 관련된 과학기술, 교육, 인프라가 내용이다. 특별히 반기문 전 유엔 사무총장께서 재직시 리더십을 발휘해 바꾼 것이다.

● 2018 국제컨퍼런스에서 기조강연하는 반기문 전 유엔사무총장

에티오피아 *Ethiopia*

에티오피아는 우리에게 특별한 곳이다. 아프리카 동쪽에 자리잡고 있고 오래전 영국의 영향을 받아 영어를 공용어로 같이 사용한다. 인류의 조상 루시Lucy가 발견된 곳도 에티오피아다. 솔로몬과 시바의 여왕 이야기의 시바의 여왕도 에티오피아 여왕이다. 에티오피아는 6·25 전쟁 때 황제가 친위대를 보낸 참전국이기도 하다.

커피의 원산지

에티오피아는 커피의 원산지로도 유명하다. 하라Hara커피는 최고의 품질을 자랑하는 커피로 수출용으로 판매한다고 한다. 선물용으로 예가체프 Yirgacheffe커피가 잘 팔린다. 250g짜리 봉투 하나가 1,000원 정도다 (2012년 기준). 스타벅스에서는 15,000~25,000원이다. 세계적으로 유명한 블루마운틴Blue Mountain 커피는 2~3만 원인데 현지에서 사면 얼마일까? 세계적으로 커피도 카르텔이 있어 현지 농부에게는 매우 싸게 사고, 소비자에게는 비싸게 팔아 엄청난 수익을 내는 것으로 알려져 있다. 커피를 잘 재배해도 가난을 벗어날 수 없는 구조, 그 구조를 깨려고 착한커피라고 하면서 현지에서 직접 산다고 하는데, 전체 물량으로 치면 극소량이라서 큰 임팩트impact는 없는 듯하다. 최근 루왁커피라는 것이 등장해 1잔에 2~5만 원이라니 고양이 뱃속을 통과하며 성분이 약간 변화된 것, 그것이 맛이 좋다고 엄청난 돈을 지불하는 것이 현실이다. 에티오피아에 가면 커피를 맛보고 선물용으로 살만하다.

대학 방문

2012년 국경없는과학기술자회 사업으로 에티오피아를 방문하여 아다마대학, 새마을운동 현장 등을 방문했다. 수도인 아디스아바바에서 남쪽으로 100km 지점에 아다마Adama과학기술대학이 있다. 에티오피아 정부는 대학을 발전시키려고 노력하고 있다. 단기적인 경제 성장은 정부의 노력으로 가능하지만, 어느 정도 성장하고 나면 첨단 산업으로 경제 성장을 해야 하는데 이 경우 우수인재가 꼭 필요하다는 것이다. 그래서 3개 대학을 선정하여 중점 지원하고 있다. 아디스아바바대학, 아디스아바바과학기술대학, 아다마과학기술대학이다. 장기적으로 첨단분야의 연구가 필요하다고 생각하여 외국 교수도 초빙하고 파격적으로 지원하고 있다.

가난한 마을에서 필요한 기술, 중진국으로 올라서기 위한 우수인재와 첨단 기술, 관련되는 교육은 모두 중요하다. 개인의 형편과 관심에 따라 마을 수준에서 기여해도 좋고 상위 레벨에서(예 : 대학에서의 강의, 연구 지도나 정부 수준의 자문), 글로벌 수준에서의 기여(예 : UN 등의 국제기구를 통한 활동) 모두 좋다고 생각한다.

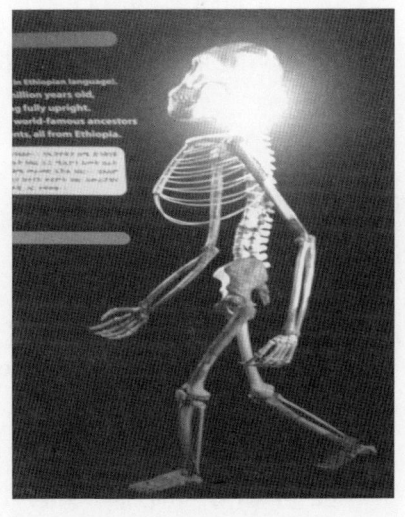

● 인류의 조상 루시(박물관)

아다마대학은 오래전에 독일에서 많이 지원했다. 그래서 총장은 독일인이 했다. 그러다가 발전한 한국의 모델을 배우고자 그리고 한국인이 열심히 잘 한다고 한국인을 총장으로 초청했다. 그래서 서울대 공대에서 정년퇴임한 이장규 교수가 총장으로 갔다. 그는 그곳에서 5년간 근무하며 학교 발전을 위해 많은 일을 했다. 이장규 교수가 총장으로 근무한 지 얼마 안 되는 시점에 아다마대학을 방문했다. 실험실, 도서관, 인터넷 등 인프라가 열악함을 보았다. 전기, 물 사정도 좋지 않았다. 같이 방문했던 전영중 박사는 그 후 2년간 객원교수로 근무하면서 화학공학과의 발전을 위해서 노력했고, 재료공학부의 신설과 발전을 포항공대가 도와주었고, 그 외에도 저자가 알지 못하지만 많은 한국인이 방문하거나 간접적인 방법으로 그 대학 발전을 위해 기여했다.

농촌 방문

아다마대학에서 남쪽으로 1시간 걸리는 곳에 새마을운동본부에서 봉사하고 있는 현장이 있다고 해 찾아갔다. 우리 일행이 도착하니 현지 주민이 커피 세레모니coffee ceremony를 해주었다. 귀한 손님이 오면 즉석에서 숯불화로에 커피를 볶고, 다음에는 절구에서 분쇄한 후 커피를 만들어 주는 방식이다. 살아있는 커피를 맛보는 순간이다.
우리나라에서 파견된 젊은이 몇 명이 그곳 농촌 주민과 잘 지내고 있었다. 농촌 주민과 친구가 되고 솔선수범하여 열심히 일하는 모습은 인상적이었다. 마침 그곳에서 에티오피아 오지로부터 이틀간 차를 운전하여 온 기아대책본부 직원 두 명과 만나게 되어 같이 이야기를 나눌 수 있었다. 기아대책본부에서는 역시 시골에서 소득증대사업을 하고 있는데, 다른 팀과 만난 것은 처음이라고 했다.

같이 간 농업전문가 이호용 교수(가나안 세계지도자교육원, 상지대)가 이곳에서는 카사바(우리의 고구마와 유사)를 얼마나 수확하느냐고 물으니 단위 면적당 1kg이라고 했다. 한국에서는 같은 면적에서 10kg을 수확한다는데…, 농업기술●을 조금만 전수하여도 2~3kg, 즉 두세 배는 더 수확할 텐데 하는 아쉬움이 생겼다.

농사는 우기에 해당하는 6~8월에 하고, 그 이후 건기에는 비가 오지 않아 농사를 짓지 못한다고 했다. 건기가 되어 봄이 되면 온 천지가 누렇게 변해, 풀이 말라 죽고, 그러면 가축도 죽게 되고 반복적으로 이렇게 몇 천 년을 살아오고 있는 그들이다. 우기에 내리는 비가 얼마만큼이냐고 하니, 수치는 잘 기억하지 못하지만, 아주 많이 온다고 했다. 빗물을 저장하여 농사를 한번만 더 짓게 된다면 좋을텐데라는 생각이 들었다. 실제 에티오피아 정부에서는 대규모의 댐을 건설하고 있었는데 댐 하나를 기획에서부터 건설해 사용할 때까지는 15년 이상 걸리고 천문학적 액수의 예산이 들어간다고 했다. 그러니 댐을 짓지 않는 곳은 단기적으로는 빗

● 밭고랑 만들어 주는 것, 바이러스에 의한 질병을 줄여 주는 것 등이 고구마, 감자 농사에 중요하다.

물 저장 웅덩이를 만드는 것이 해결책일 듯하다. 실제로 몇몇 나라에서는 적정기술 수준에서 소규모, 저투자 빗물 저장시설이 설치됐다고 하는데 그곳에서도 사용할 수 있는지 궁금하다.

가난한 나라 주민들을 잘 살게 하는 방법은 무엇인가? 열심히 일하여 잘 살고 싶다는 마음을 갖는 것, 그것이 시작일 것이다. 특별히 그것이 새마을운동 정신이고 가나안농군학교의 자세다. 그런데 마음만 있다고 잘살게 되는 것은 아니니, 그다음에는 농사기술이 있어야 수확량을 올릴 수 있다. 농산물 판매까지 생각하면, 농산물 가공기술, 저장기술도 필수적이다. 그러니 장기적으로는 그들을 교육해야 한다. 물을 깨끗이 하는 등 병에 걸리지 않게 하는 것도 중요하다. 아프면 치료해주어야 한다, 이 정도까지만 생각해도 농업, 과학기술, 경영, 교육, 의료에 해당하는 사업을 동시에 수행해야 한다. 한 마을 단위로 생각할 수도 있고, 넓은 도$_{state}$ 정도의 단위로 생각해도 된다. 다양한 분야의 이들이 모여, 단기적·장기적 계획을 수립하고 이것을 무상원조와 유상원조로 나누어 지원하는 것이 바람직해 보인다.

명성병원 소개

아디스아바바 시내에 명성교회에서 설립해 운영하는 명성병원이 있다. 그곳에서는 Korea Hospital이라고 한다. 규모, 시설, 의료 수준 모두 에티오피아 최고 수준이다. 가난한 이들에게는 무료나

저가로 치료비를 받고 있어 모두 고마워한다. 초기에는 우리나라를 포함한 전 세계의 자원봉사 의사 등이 운영에 참여했으나 장기적으로 한계가 있어 이제는 의

● 초기 명성병원의 자원봉사자들

과대학을 설립했다. 2019년에는 2회 졸업생이 나왔다고 한다. 교회가 이렇게 멋있게 잘 할 수도 있구나를 느꼈다. 100여 년 전 외국인들이 우리나라에 세브란스병원과 대학(연세대), 이화여대 등을 설립하여 우리나라 발전에 기여했다는 역사를 듣고만 있었는데,'이제는 우리도 제대로 주는구나'라는 생각이 들었다. 하나라도 제대로 임팩트있게 하는 것이 멋있어 보인다.

시바의 여왕 이야기

그곳에서 시바의 여왕 이야기를 재미있게 들어 소개한다. 오래전 에티오피아(지금의 예멘과 에티오피아를 합친 큰 국가였다.)의 여왕은 시바, 이스라엘의 왕은 솔로몬. 시바 여왕이 이스라엘 솔로몬 왕을 방문한다. 환영 만찬에서 솔로몬은 시바에게 짠 음식을 대접한다. 그러고는 잠자리에 들 때 시바 여왕 침소에서 시종을 물렸다고 한

다. 예측한 대로 짠 음식을 먹은 시바여왕은 물을 찾았고, 그때 솔로몬이 나타나 물을 주면서 둘이 가까워지기 시작한다. 그것이 계기가 되어 시바는 이스라엘에 오래 머물게 되고, 그러면서 둘 사이에 아이가 생긴다. 시바가 아이를 잉태하고 귀국할 때 솔로몬에게 나중에 아이가 아버지를 찾을 때를 생각하여 정표를 달라고 한다. 아이가 성장하니, 시바가 아이에게 아버지 솔로몬을 찾아가라고 정표를 주고, 왕자는 그것을 가지고 솔로몬에게 간다. 솔로몬은 그 아이에게 이스라엘이 가장 귀하게 여기는 '성괘'를 주었다고 한다. 에티오피아는 그 성괘를 가지고 있어서인지 지금까지 외국의 침입이 한 번도 없었다고 한다. 단, 제2차 세계대전 당시 이탈리아의 무솔리니가 잠시 쳐들어 왔으나, 금방 후퇴했다고 한다. 성

● 시바의 여왕이 솔로몬왕과 만나고 있다.(박물관 소장)

괘는 그 당시 수도인 악숨에 잘 보관되어 있다고 하는 이야기만 전해올 뿐이다. 솔로몬의 꾀, 아들 사랑, 성괘 이야기는 재미있다.

기업의 사회적 책임

CSR, Corporate Social Responsibility은 기업의 사회적 책임을 가리키는 용어다. 최근 많은 기업이 기업의 이미지를 제고시키기 위해 좋은 일들을 많이 한다. 재단법인을 설립하여 좋은 일을 지원한다. 예를 들면 가난한 이들에 대한 지원, 장학사업, 연구지원사업 등이다.

그중의 하나로 LG전자도 에티오피아에서 행복마을사업을 한다. 일종의 새마을운동 New Village Movement 사업이다. LG 희망마을에는 170여 가구가 있는데 2012년부터 사업을 하고 있다. 태양광발전소, 도로, 우물을 설치하고 시범 농장을 운영하고 있다. 이를 발전시키려면 협동조합을 설립해 자립화를 도와주고 있으며 위생사업에도 열심이다. 최근에는 화장실을 직접 짓는 방법을 교육하고 자재를 지원하여 대부분의 가구에 화장실이 생겼다. 백신 공급 사업도 하고 있으며 직업훈련학교도 운영하는 등 종합적인 새마을 사업을 수행하고 있다. 에티오피아가 6.25 전쟁 때 파병한 것에 대한 감사, 가난한 나라의 지원, 기업 이미지 제고 등 다양한 효과가 기대되는 CSR 사업이다.

부르키나파소 *Burkina Faso*

최빈국에 속한다. 2013년 2월에 방문했다. 수도명은 와가두구Ouagadougou, 인구 1500만 명, 수도에는 200만 명이 모여 산다. 아프리카 서부에 자리잡고 있고 프랑스 영향을 많이 받아 프랑스어로 소통하기에 좋다.

부르키나파소

아프리카 어디엔가 있는 나라라는 것은 알았지만, 나라 이름이 암기도 안 되는 나라였는데, 2013년 2월 이곳을 방문하게 되었다. 우리나라의 국경없는교육가회(EWB, Educators without Boarders, 서울대 교육학과 김기석 교수가 회장이다.)가 마을 주민을 대상으로 글자를 가르쳤는데 (문해교육이라고 함) 주민들이 글자를 깨우치고 나니 그 다음 단계는 마을 소득증대사업을 하고 싶다고 했다. 물, 에너지 사정도 안 좋고 하여 우리 (사)국경없는과학기술자회를 초청한 것이다.

● 부르키나파소의 대학에서 - 왼쪽에서부터 이호용 교수, 김기석 교수, 저자

시골 족장 이야기

이곳에서 준비해 준 차로 30분 거리에 있는 직업훈련센터 신축 예정지를 방문했다. 시내에서 10분을 달려 큰길을 벗어나니 도로 포장은 커녕 전기도 없다. 우선, 가는 길에 있는 국경없는교육가회의 김기석 대표가 문해교육을 한다는 현장을 방문했다. 미리 연락이 되어 족장과 마을 주민이 나와서 반겨준다. 족장은 나이 지긋한 좋은 인상의 분으로 족장 전통의상을 입고 나타났다. 손님을 맞이하는 그들 나름대로의 세레모니다.
우리 일행을 위하여 숯불구이 통닭, 음료수 등 먹을 것을 준

● 족장과 함께

비했는데 닭은 그리 크지 않은 자그마한 영계 수준이었다. 맛을 본 우리 일행은 그 맛이 너무 좋아 한마디씩 했다. 아프리카 시골에서 맛본 닭고기, 두고두고 기억나는 최고의 맛이었다.
족장에게 꿈이 무어냐고 물었더니 마을이 잘 사는 것, 여자도 할 수 있는 일이 있으면 좋겠다고 대답했다. 족장이 여자 이야기를 꺼내다니 의외의 대답이었다. 아프리카 시골이지만 21세기구나 하는 생각이 들었다.

그곳에서는 돼지를 가두어 키우는 것이 아니라 풀어서 키운다. 그런데 돼지를 보니 전부 새끼 돼지같이 작아 보였다. 동행한 농업전문가가 영양이 부족하여 이 정도밖에 자라지 않은 것이라고 했다. 영양 균형을 맞추어 주고, 영양분도 넉넉히 주면 우리나라 돼지처럼 크게 자랄 것이라고 했다.

차를 타고 시골로 들어가니 황토집이 대부분이었다. 황토가 많으니 황토로 벽돌 모양을 만들고 그것을 건조시킨 후 집을 짓는다고 했다. 그런데 비가 세차게 뿌리면 진흙이 녹아내리고 그러다 보면 집 역할을 못 하여 다시 지어야 한다고 했다. 그래서 해마다 새집을 짓는다. 그곳에는 집을 짓는 방식도 돼지 키우는 방식도 개선해야 할 것이 너무 많아 보였다. 할일이 많은 동네라는 생각이 들었다.

시골 학교 건물

둘째 날은 와가두구에서 2시간을 달려, 오지로 생각되는 시골에 갔다. 유명한 건축가가 설계한 학교를 보러 갔다. 학교에 들어서니, 가운데 있는 건물을 가리키면서 저것(p.113. 위)은 정부에서 지어준 것이고, 뒤에 있는 멋있는 건물(p.113. 아래)이 그 건축가가 지어준 것이라고 했다. 정부가 하는 행태는 어느 곳이나 비슷하다는 느낌이었다. (p.113. 아래)의 천장 모양은 다양한 크기의 항아리를 끼워 넣고 흙으로 천장 모양을 만든 다음 항아리를 빼내면 천장에 환

● 학교 건물 모습 (위) 정부 지원, (아래) 건축가 지원

기구가 생기는데 환기는 물론 아름다움 그 자체였다. 천장이 높고 자연 채광, 통풍이 가능한 모양, 지붕에 태양에너지 집열장치를 설치하여 조명 등 기본 에너지를 공급한다.

그 건축가는 그곳 태생으로 독일에 가서 공부했는데, 그 후에 자기가 자란 고향에 학교 건물을 기부했다는 것이다. 고향을 생각하는 마음, 고향을 생각하는 건축가가 멋있게 느껴졌다.

건축가가 지은 학교의 건축비는 정부 건축 단가의 10배쯤이라고 하니 가난한 나라에서 지나치게 멋을 부렸구나 싶었다. 그래도 자연 생태 건물이라 여기저기서 그 건물을 보러 온다고 했다. 여유가 있으면 그 정도 멋은 부려도 될 듯싶었다.

농업기술연구소

농업기술연구소를 방문했다. 관련 주민을 교육시킬 뿐 아니라 1500평의 땅에 채소를 심어 판매 수익도 올리고 있다고 했다. 60명이 그 수익으로 아이들을 학교에 보낼 수 있다고 하니 그곳 조합association은 성공적으로 운영되는 듯싶었다. 물은 저수지 물과 지하수를 활용하니 1년 내내 별문제가 없다고 하였다. 우기 3개월, 건기 9개월의 많은 아프리카 국가에 적용할 수 있는 아이디어이다.

평소 내가 궁금하게 생각하던 나무 세 그루를 보았다.

망고나무 핑크빛 꽃이 아름다웠다. 망고 맛이 과일 중에서는 최고라고 생각했는데 꽃도 이렇게 아름답다니…. 망고나무 한 그루면 자녀 1명을 교육시킬 수 있다고 한다. 우리나라의 패션디자이너가 남수단에 가서 봉사활동을 하는데 프로젝트 이름이 '희망고'다. 희망의 망고라는 뜻이다. 망고나무를 잘 키우면 자녀 교육비는 나오니, 시골 마을에 망고나무를 심어주는 일을 한다고 했다. 그 이후 그들과 가까워지면서 학교를 만들어 주고, 재봉틀을 가져가 마을 여인들에게 재봉틀로 옷 만드는 기술을 가르쳐 주는

● 망고나무

일을 하고 있다. 어떤 단체는 망고가 많이 있어도 판로가 없어 망고가 썩는 것을 보고, 망고를 건조시켜 건조 망고dry mango를 만들 수 있는 태양광 망고 건조기를 만들어 주고 있다. 그렇게 함으로써 망고의 상품가치도 높여주고 보관하기 좋게 만들어주는 일을 하고 있는 것이다.

모링가나무 모링가moringa나무에서 열리는 열매에서는 기름을 짜서 약용과 바이오디젤 biodiesel로 사용하고, 잎은 각종 아미노산, 미네랄 등의 영양분이 풍부하여 한인 가정에서는 가루를 내어 밥에 뿌려 먹기도 한다.

그냥 재배하면 나무가 높이 자라게 되고, 그러면 잎이나 열매를 따기가 무척 어렵다. 그러나 차tea나무를 키우는 것처럼 키를 작게 키우면 열매와 잎의 수확이 용이해진다고 한다. 키를 낮게 키우는 방법은 상지대학교의 이호용 교수가 알려 주었다.

유칼립투스나무 버드나무와 유사하게 생겼는데 호주의 코알라 동물이 이 나무에서 생활하는 것으로 유명하다. 얻어지는 기름oil은 항균 성분이 있어 감기가 느껴질 때 코에 바르면 호흡할 때 기름 성분이 조금씩 목으로 넘어가면서 세균을 자라지 못하게 하여, 웬만한 초기 감기는 이겨낼 수 있다. 유럽에서는 가습기에 유칼립투스 오일을 넣어 코에 흡입한다고 하는데, 원리는 다 동일하다.

Light of Africa 단체 방문

그곳에 있는 'Light of Africa'라는 단체를 방문했다. 먼저 그곳에서 하는 사업 설명을 들었다. 대만의 원조단체로부터 손전등을 1년에 2만 개 정도 받아서 이곳에 배포하는 역할을 한다는 것이다.

● 태양광전등, 목에 걸 수도 있고 거치대에 올려놓을 수 있다.

학생들이 다니는 학교에 태양광을 이용한 손전등 충전 장치를 설치하고 학생들이 학교에 와서 충전한다. 그리고 집에 가서 저녁에 공부할 때 등 몇 시간 불을 켜고 사용한다고 했다. 그렇게 해야 학생들이 학교에도 나오고, 손전등의 혜택도 본다는 것이었다. 1년에 2만 개 정도 나누어 주고 있지만 수요는 10만 개가 넘는다고 했다. 그러면 원자재를 수입해다가 이 나라에서 조립하면 어떠냐고 물었다. 그쪽 사람들은 거기까지는 생각을 못 했다고 했다. 태양광 충전에 의한 손전등 만드는 기술은 이제는 보편화된 기술이다. 한국 등이 그런 기술과 부품을 공급하고 현지에서 조립, 배포한다면 일자리도 생기게 되어 지속가능한 일이 될 것이다. 적정기술은 현지에서 돈을 벌 수 있는 일로 연결돼야 지속가능한 것이다. 최근 현지에서 조립 생산하는 사업이 추진중이라고 듣고 있다.

최근 유사한 개념으로 솔라카우 solar cow를 보급하고 있다는 이야기를 들었다. 요크 YORK라는 이름의 단체 대표는 아프리카 케냐에 사는 아이들이 집에서 일해야 하는 상황을 보고, 솔라카우라는 태양광 충전기를 학교에 설치했다. 전기를 충전하러 아이를 학교에 보내게 됐고 아이의 교육 기회를 늘려준 것으로 많은 화제가 됐다.

가나안

가나안농군학교는 1962년에 김용기 장로가 설립한 농민교육과 사회지도자 양성기관으로서 '일하지 않으면 먹지도 말라'는 정신으로 유명하다. 정신교육이 우선임을 강조하며, 마을 지도자교육을 주요사업으로 한다. 이후에 가나안 세계지도자교육원을 설립해 외국인들 대상으로 교육을 한다. 세계 여러 나라에 가나안센터도 있어서 현지에서 농업지도자교육과 지역개발활동을 한다.

브루키나파소에서는 현지 주민으로부터 2017년 토지를 기증받아, 2019년 2월에 브루키나파소 일가가나안센터Ilga Canaan Center를 완공했는데, 농업협동조합을 정착시키고, 기술교육과 직업교육을 목표로 한다고 했다.

● 일가가나안센터 건축 모습 (2019년2월에 준공됨)

탄자니아 *Tanzania*

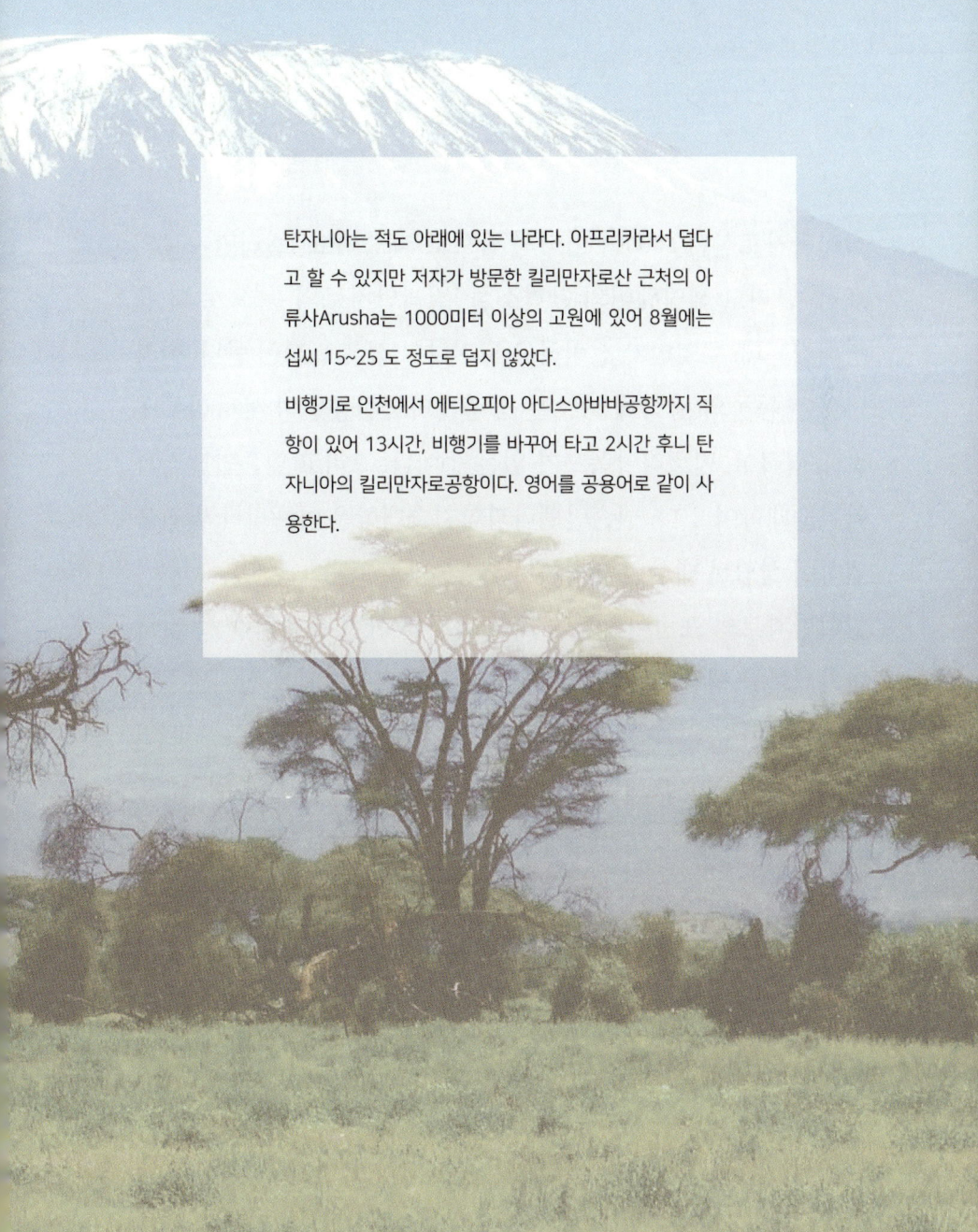

탄자니아는 적도 아래에 있는 나라다. 아프리카라서 덥다고 할 수 있지만 저자가 방문한 킬리만자로산 근처의 아루샤Arusha는 1000미터 이상의 고원에 있어 8월에는 섭씨 15~25도 정도로 덥지 않았다.

비행기로 인천에서 에티오피아 아디스아바바공항까지 직항이 있어 13시간, 비행기를 바꾸어 타고 2시간 후니 탄자니아의 킬리만자로공항이다. 영어를 공용어로 같이 사용한다.

탄자니아

킬리만자로산은 6000여 미터의 산으로, 대중가요 '킬리만자로의 표범' 그리고 헤밍웨이의 단편소설 '킬리만자로의 눈'으로 더 유명해졌는데, 무엇인가 신비하고 도전하고 싶은 느낌이 난다. 탄자니아는 동물의 왕국에 나오는 세렝게티국립공원의 사파리투어로 유명하고, 빅토리아폭포가 있는 곳이다. 그리고 넬슨만델라과학기술대학이 있다. 넬슨만델라과학기술대학은 아프리카 발전을 위하여 설립된 대학원 대학이다.

킬리만자로의 표범이라는 노래의 가사를 한번 음미해 보는 것도 탄자니아를 생각할 수 있어 좋을 듯하다. 킬리만자로 산 - 넬슨만델라과학기술대학 - 세렝게티국립공원 - 빅토리아폭포 등으로 연결되는 여행은 모두의 로망일 것이다.

2017년에 서울대 안성훈 교수가 책임자로 있는 탄자니아적정기술거점센터 iTEC, Innovative Technology and Energy Center의 개소식에서 기조강연을 해주면 좋겠다는 제의를 받았으나 그 당시는 정년퇴임을 며칠 앞두고 있어 사양하고 다음에 기회가 되면 가겠다고 했다. 그러고 2년이 지나 2019년 8월 그곳에서 개최되는 회의에 참석하게 된 것이다.

태양광발전소 준공식

첫날은 호텔에서 1시간 떨어진 마을에서 태양광발전소 준공식이 있다고 해 준공식에 참석했다. 탄자니아의 농촌마을에 적정기술 거점센터가 세워져 지난 2년간 2개의 태양광발전소를 설치해 주었다. 이번이 3번째로 50여 가구에 전기를 공급하는 사업이다. 마을에 전기가 들어오면 밤에 불을 밝힐 수 있고, 컴퓨터를 배우고 인터넷을 할 수 있고, 밭에 물을 댈 수 있고(펌프가 있어야 한다.), 수확한 농작물을 보관, 가공할 수 있으니 마을이 변화될 수 있다. 그러나 3~5년이 지나면 배터리를 교체해야 하는데 비용이 만만치 않아 걱정이다. 그래서 생산된 농작물을 판매하여 얻은 수익으로 배터리 교체 비용을 만들려고 계획하고 있다. 그러한 수익을 창출하기 위한 협동조합은 지역주민을 단합시키는 또 다른 원동력이 되는 것이다. 이러한 일은 현지의 센터장 부부가 앞장서서 하고 있다. 이혁승 센터장은 미국 실리콘밸리에서 오랫동안 살아온 재미교포다. 오래전부터 이 지역을 도와주었는데 서울대의 안성훈 교수와 만나 본격적으로 지원사업을 하는 것이다. 그동안의 사업 하나하나가 감동적인 스토리다. 예를 들면, 센터장 부부는 그 지역의 장애아에게 컴퓨터를 가르쳤는데, 지금은 그

장애아가 후배들에게 컴퓨터를 가르쳤다. 이렇게 해서 컴퓨터로 공부할 수 있는 여건이 만들어진 것이다. 이러한 사업이 지속될 수 있도록 넬슨만델라대학의 학생과 연계하는 것도 중요한 사업이라고 한다. 그 대학은 공학기술 전문가가 모인 곳으로 그곳 졸업생들이 이러한 지역사회 개발에 관심을 가져야 장기적으로 지속가능하게 된다는 것이다.

탄자니아는 국가가 발전하기 위해 노력하고 있음을 여러 번 들었다. 예로 국립공원의 입장료로 현금을 받지 않을 정도로 깨끗한 정부를 만들기 위해 노력하고 있다는 것이다. 행사에 참석한 군수는 앞으로 탄자니아가 발전해 오늘 한국에 진 신세를 갚겠다는 말을 하였다. 사실 외국의 원조를 받아 지역사회를 개발한다는 것은 자존심에 관한 것이다. 그래서 지역사회개발에는 주민 스스로의 의지와 노력이 가장 중요함을 강조하고 우리는 잠시 도와줄 뿐이라고, 특히 우리나라는 과거에 진 신세를 갚는다고 이야기해 자존심을 세워주려고 노력하고 있다.

적정기술컨퍼런스

넬슨만델라과학기술대학Nelson Mandela African Institution of Science and Technology, NM-AIST은 10년 전에 세워진 대학원 중심 대학이다. 현재 교수 50여 명, 학생(대학원생) 500여 명의 연구중심대학이다. 여기에서 '에너지, 물, 그리고 지속가능 국제컨퍼런스'가 개최됐다. 저

● 태양광발전설비

● 준공식

● 현지인들의 축하 춤

자는 「지속가능한 발전을 위한 기술 : 10년의 경험」이라는 제목의 기조강연을 했다. 좋은 일을 하되 효과적이고 임팩트있게 하려면 어떻게 하면 좋을지에 대한 저자의 경험과 생각을 이야기했다. 저자의 저서 한 권의 요약본이다. 컨퍼런스 기간 중 우간다에서 온 정유철 선교사를 만났다. 오랜만의 만남이었다. 지금도 우간다 시골에서 좋은 일을 하며 지낸다. 안성훈 교수가 만든 백신운반 가방을 전달받았다. 오토바이에 연결하여 전기를 충전하면 냉장고 역할을 한다는 것이다. 백신은 차

● 넬슨만델라대학 입구에 있는 넬슨만델라 흉상

갑게 운반하고 차갑게 보관해야 한다. 이것을 영어로 cold chain 이라고 하는데, 이제는 cold chain이 됐으니 백신을 공급받을 수 있고 그러면 오지의 아이들을 질병에서 구할 수 있다고 좋아하는 정유철 선교사의 모습이 지금도 눈에 선하다. 전에 유엔의 백신연구소 연구원들과 이야기하던 중 백신을 차갑게 운반할 수 없는 곳이 많고 그래서 백신주사 혜택을 보지 못하는 오지 마을이 많다는 이야기를 듣고 안성훈 교수에게 이야기했다. 그래서 이런 백신운반 가방이 만들어진 것이라 저자도 기뻤다.

● 백신운반 가방 전달식(왼쪽으로부터 김도원 iDream 대표, 저자, 정유철 선교사, 안성훈 교수, 박두영연구재단 본부장)

국립공원 사파리 투어

하루 시간을 내어 사파리 투어를 했다. 탄자니아에서 가장 유명한 것은 세렝게티국립공원을 간 것이다. 면적을 가로, 세로로 환산하면 100 × 200 km의 대공원, 우리나라의 강원도만한 지역이 하나의 공원이었다. 탄자니아에는 이런 국립공원이 많다. 저자가 간 곳은 타랑기레Tarangire국립공원이었다. 면적은 20 × 100 km에 달하니 그곳도 작은 공원이 아니다. 세렝게티 사파리는 최소 3박4일 정도의 일정으로 가는데, 우리는 당일로 투어가 가능한 곳을 갔다. 시간이 허락한다면 공원 안 숙소에서 밤을 지내보는 것도 평생의 추억으로 남을 것으로 생각된다. 시내에서 2시간 차를 달려 도착했다. 안전을 위하여 차량은 사륜구동이고, 국립공원 사무소

와의 무선통신 설비를 갖추고 있었다. 4시간 동안 공원을 둘러보고 중간에 간단히 점심을 한 후에 호텔로 돌아오는 8시간 투어였다.
가장 먼저 눈에 띈 것은 바오밥나무baobab tree였다. 『어린왕자』에도 나오는 그 나무를 처음 보았다. 500년이나 된 나무라고 했다. 건기라 수분 증발을 막기 위해 나무 스스로 잎을 다 떨어뜨렸

● 사파리투어 자동차

다. 그러나 나무는 속에 물을 가득 품고 있다고 했다. 살아남기 위한 자연의 지혜. 그런데 코끼리는 나무속의 물 냄새를 맡고 코끼리의 뿔로 나무에 구멍을 내고 긴 코로 물을 일부 가져간다고 했다. 그래서 그런지 나무 여기저기 상처가 많았다.
차로 몇 시간을 돌아보니 기린, 코끼리, 멧돼지, 원숭이, 사슴, 타조 등 동물의 왕국에서나 보는 그런 동물을 많이 볼 수 있었다. 모

두 한가하게 풀을 뜯고 있는 모습이 이상했다. 어디선가 사자가 나오면 큰일인데--. 실제 사자는 오후 4시 이후에 사냥을 한다고 했다. 그러니 오후 2~3시에는 낮잠을 즐기고 있을 듯했다. 사냥을 하면 10번에 9번은

● 바오밥나무

실패하지만 한번 성공해서 그것으로 저녁식사를 한다고. 사자들은 암사자가 주도하여 같이 생활하는데, 새끼 숫사자가 크면 무리에서 추방하고 다른 숫사자를 영입한다고 했다. 본능적으로 열성유전인자가 퍼지는 것을 막으려는 사자의 지혜로 생각됐다. 가이드 겸 운전기사로부터 여러 가지 이야기를 들었다. 동물의 왕국 프로그램을 시청하는 것보다는 직접 가보는 것이 현장공부로 제격일 것이다.

사회적기업

사회적기업social enterprize이란 사회적 목적을 추구하면서 영업활동을 하며, 특별히 취약계층에게 사회서비스를 제공하여 지역주민의 삶을 높이려는 기업을 말한다. 유럽 등에서 1970년대부터 시작됐으나 우리나라에서는 아직 보편화돼 있지는 않다. 좋은 일 하려는 기업이다. 가난하고 소외된 이들과 함께하고 수익도 그들과 같이 나누려고 한다는 점에서 일반 영리기업과는 차별화된다.

개발도상국의 농촌이나 낙후지역에서 활동할 경우 물, 에너지, 농업, 기업화 등을 지원하는데, 지속가능하려면 어느 정도 수입이 있어 그것으로 담당자 등의 인건비와 운영비는 나와야 한다. 한군데 지역만 대상으로 하면 현지 담당자 1~2인의 수익밖에 나오지 않지만, 10군데 이상을 같이 연계하면 규모가 커져서 조그만 회사를 운영할 정도가 될 수 있다.

그래서 최근 에너지는 태양광 패널을 기본으로 하는 사업, 먹는 물도 필터정수기·살균장치를 기본으로 하는 사업이 경제성이 생기기 시작했다. 제품의 표준화, 홍보 등 할 일이 많지만 그렇게 연계하면 지구촌의 먹는 물과 에너지 문제를 상당히 해결할 수 있을 것이다.

최근 국경없는과학기술자회에서는 먹는 물 사업을, 굿네이버스는 태양광 에너지사업의 중요성을 강조하기 시작했다. 전 세계 낙후지역의 문제는 세부적으로는 특징이 있고 다 다르지만 크게, 단순화시켜 보면 해결의 방향이 보인다. 단순한 봉사 차원의 활동을 지양하여 서로 정보를 나누고 협력해 문제를 해결하는 방향으로 가면 좋겠다.

2

중요한 이슈

1부는 10개국 방문 이야기지만 거기에서 공통점을 찾을 수 있다. 그것은 물, 에너지, 집, 농업, 교육 이야기가 반복적으로 등장한다는 점이다. 그만큼 이 5개 이슈는 공통적이고 중요하다. 그래서 2부에서는 이러한 5개 주제에 대해 무엇이 중요한지 정리해 본다.

물 *Water*

매스컴에서 많이 본 장면 - 아프리카의 어린아이들이 더러운 물웅덩이에서 물을 긷는다. 그런 물을 마신다고 생각하니 안타까울 뿐이다. 또 몇 시간 정도 되는 길을 물을 길으러 간다. 그러다 보니 학교에 가서 공부할 시간이 없다.

물이 부족하다

세계 여기저기에 물이 부족하거나 깨끗하지 않아 고통받는 이가 많다. 경제적으로 여유가 있는 도시, 인구 밀집 지역 등에서는 상수도, 하수도 설비를 하여 물을 공급하고 관리할 수 있으나 경제적인 여력이 없는 지역에서는 어떻게 하면 좋을까.

국가적으로는 댐을 건설하여 물의 공급을 조절하여 농업용 등 물의 부족을 해소할 수 있다. 댐을 건설할 수 없는 지역에서는 다행히 지하에 물이 흘러간다면 그 지하수를 퍼 올려 사용할 수 있다. 방법은 우물을 파거나, 펌프를 이용하는 것이다. 그런데 전기가 없다면 펌프를 돌아가게 할 수 없다. 그래서 플레이 펌프play pump가 소개됐다. 처음에는 이상적인 펌프로 생각되어 전 세계에 많이 보급했으나 지금은 크게 사용되고 있지 않다고 한다. 펌프를 작동시키기 위해서는 여러 명의 아이가 같이 매달려 놀아야 하는데 그렇게 하는 것이 흔하지 않은 것이어서 그리 실용성이 없기 때문이다. 지금은 태양광 패널을 이용하면 펌프를 작동시킬 수 있을 것이다.

● 깨끗하지 않은 물

지표 가까운 곳에 지하수가 있으면 다행이지만, 지하 깊은 곳에 물이 흐르든가 아예 지하수가 없으면 문제가 복잡해진다.

● 물소가 물에 시원하게 있다. 물속에서 온갖 실례를 하니 물이 깨끗할 수가 없다.

물이 깨끗하지 않다

단순히 유기물 때문에 깨끗하지 않으면 필터filter를 이용할 수 있다. 개인용으로 라이프 스트로life straw가 개발됐다. 더러운 흙탕물에 라이프 스트로라는 빨대를 사용하여 물을 마시는 사진을 보았을 것이다. 빨대 속에는 고성능의 여과 필터가 들어 있다. 샌드필터sand filter가 오래전에 소개됐으며 일부 사용되고 있다. 샌드필터란 모래, 자갈, 숯 등을 항아리 같은 곳에 채워 놓고 물을 흘려보내면 물속의 불순물이 모래, 자갈, 숯에 흡착되어 깨끗해진다. 시간이 경과하면 모래, 자갈, 숯에 미생물막이 형성돼 유기물이 있는 물을 흘리면 미생물이 물속의 유기물을 분해한다. 이러한 일이 샌드필터에서 일어나므로 물을 깨끗하게 하는 데

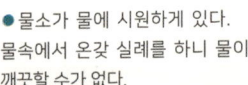

● 라이프 스트로

사용이 된다. 그래도 매일 관리를 해 주어야 하는 등 몇 가지 사용상의 불편함이 있어 많이 사용되지 않는다. 대신 다른 필터를 사용하는 정수기를 사용할 수 있다. 그래서 세라믹 필터가 소개됐다. 개인이 사용할 수 있는, 음료용 물을 얻을 수는 있으나, 여과 속도가 느려 여러 명이 대량으로 사용하기에는 한계가 있다. 그래서 멤브레인membrane 필터가 현실적이다. 이 경우에 문제는 전기가 필요하고 필터가 막히면 교체해야 한다는 것이다. 고장이 나면 누군가 고쳐야 한다. 10년 전에는 광주과기원에서 옹달샘정수기를 선보였다. 전기를 발생시키도록 핸들을 이용하는 방식이다. 그래도 아주 신뢰할 수 있는 방법이었다. 최근에는 전기가 없으면 태양광에너지를 이용하는 방식을 접목시킨 필터정수기가 많이 사용된다. 초기에 약간의 비용이 들고 유지보수를 해 주어야 하지만, 먹는 물로 신뢰할 수 있어서 많이 사용된다. 1단계로 필요한 경우 샌드필터를 전처리용으로 사용하고, 2단계로 멤브레인 필터를 사용하고, 마지막으로 소독하는 장치를 사용하여 소독하면 마시는 물 문제의 절반은 해결할 수 있을 것이다.

● 옹달샘정수기. 손으로 핸들을 돌려 전기를 얻고 그 힘으로 물을 여과한다.

물에 중금속이나 불소가 포함되어 있다

인도차이나반도의 국가들은 우물을 파면 지하수에 비소가 포함된 경우가 많으며 에티오피아, 탄자니아 등에서는 불소가 함유되어 있다. 물을 사용하기 전에 비소나 불소 함유 여부를 시험한 뒤에 적절한 제거 장치를 해야 한다. 이러한 장치는 독고석 교수, 윤제용 교수가 네팔, 탄자니아 등에 설치해 주었다.

빗물 활용

지하수는 오염되어 있고 강물도 오염되어 있다. 그래도 비가 많이 오는 우기에 빗물을 활용하는 것이 좋다. 서울대의 한무영 교수가 이 분야의 대가다. 지난 10년간 베트남 등 세계 여러 곳에서 빗물을 모으고 소독하여 마실 수 있게 해 주었다. 만약 비가 일 년 내내 충분히 오지 않으면 건기에는 더러운 강물을 정수하여 사용해야 한다. 국경없는과학기술자회가 베트남 시골 지역에 이러한 설비를 해 주었다.

물이 세균에 의하여 오염되어 있는 경우

물에 살균제 타블렛tablet을 타서 살균한 다음 식수로 사용한다. 페트병에 물을 넣고 햇볕을 쪼이면 살균이 된다. 다른 방법으로는 물에 UV를 쪼이면 살균된다. 그래서 식수로 사용하면 좋다. 윤제용 교수는 소금을 전기분해시켜 생성되는 염소 Chlorine로 물을 소독하는 커피포트 같은 살균장치를 개발했다. UV나 염소로 물을 소독하면 위생적인 식수가 된다. 단, 유기물이 있으면 염소와 유기물이 반응하여 독성 물질이 될 수 있으므로 정수된 물만 염소 소독해야 한다.

● 물 소독용 염소 발생 포트(윤제용 교수 작품)

새로운 기술

다양한 방법으로 마실 물을 얻고자 노력하고 있다. 바닷물을 담수화하는 장치는 일반적으로 대형이고 설비비가 매우 고가로 알려져 있다. 그러나 최근 섬 등 도서지역에서 사용할 수 있는, 바닷물을 담수로 만드는 소형 담수화 장치가 개발되어 시험중이다. 에너지가 많이 필요하지만 태양광에너지를 이용하면 소형으로 만들 수 있다.

새벽에 산길을 걷다 보면 거미줄에 이슬이 맺혀 있는 것을 보게 된다. 이러한 원리를 연구하여 사막에서, 새벽에는 약간의 수분은 있으므로 식수를 얻을 방법이 개발되어 실용화를 앞두고 있다. 최근 솔라볼solar ball이라는 휴대용정수기가 개발됐다. 태양광에너지로 물을 증발시키는데, 물이 증발하여 솔라볼 천장으로 올라가면 그곳에서 응결되어 한쪽으로 내려오게 하는 원리를 이용한 것이다. 솔라볼 하나로 하루에 3리터의 물을 얻을 수 있다고 하니 아쉬운 대로 쓸만한 것으로 생각된다.

표준화 개념이 필요하다

먹는 물 문제는 지역에 따라 다 다르다. 그리고 봉사단체는 대개 인력이나 예산에 여유가 없어 각자의 방식으로 설비를 해 준다. 이것이 현실이지만, 곰곰이 생각해보면 물 문제는 위에서 언급한 몇 유형으로 분류할 수 있다. 오염의 정도는 다르지만, 그래서 어렵다고 생각하기 쉽지만, 오염 정도에 따라 설비를 선정하는 방식을 취하면 정수설비를 단순하게 할 수 있다. 그래서 전 세계의 먹는 물 문제를 몇 유형으로 단순화시켜 표준화된 방식으로 접근하면 꽤 해결할 수 있을 것이다. 전체를 다 단순화시킬 수는 없지만 몇 경우만 단순화시키면 해결 방법이 보일 것이다. 표준화된 기기설비 개념을 도입하는 것이다. 그러면 원가도 낮아지고 유지보수가 용이해진다. 지속가능한 개발이 되는 것이다. 최근 우리나라의 글로리앤텍이라는 사회적기업이 이러한 방식을 목표로 캄보디아, 미얀마 등에서 식수 공급 사업을 하고 있다. 관련 기업들과 NGO 등이 소통하고 협력하면 좋겠다는 생각이다.

생각할 이슈

많은 지역이 일 년 중 몇 달은 비가 많이 오고 몇 달은 비가 오지 않는다. 아프리카는 대기온도가 높아 건기가 오래가면 사람, 식물, 동물 모두 물이 부족하여 고생하고 심하면 죽게 된다. 빗물은 지하로 내려가 지하수가 되고 최종적으로는 바다로 간다. 지하수가 지표면에 가까이 있으면 펌프나 우물을 만들어 물을 얻으면 되지만, 지하수가 땅 속 깊이 있으면 비용 때문에 그렇게 하기가 어렵다. 우기에 비가 내린 빗물을 어딘가에 보관할 수 있다면 건기에도 큰 도움이 될 것이다. 방법이 없을까? 있다면 어떤 방법이 있을까?

● 물 정수장치 모식도

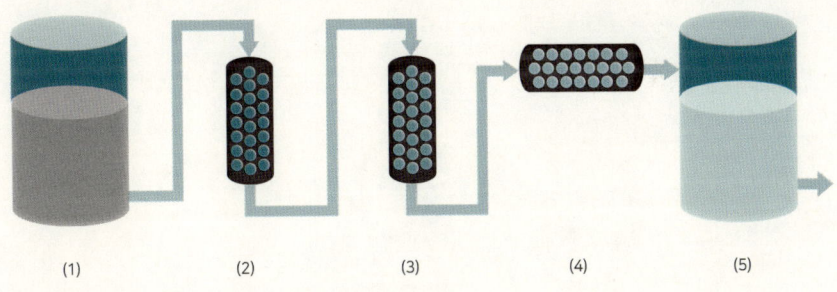

(1) 깨끗치 않은 물 (2) 전처리 장치(예: 샌드필터) (3) 정수장치(예: 막여과장치) (4) 소독장치(예; UV 살균기) (5) 깨끗한 물 저장조

에너지 *Energy*

어두운 밤을 환하게 비출 전기가 없어서 밤은 어둡고 책도 못 읽는다. 밥해 먹을 에너지도 없다. 지하에서 물을 길어 올릴 수 있는 펌프를 작동시킬 전기가 없다. 그러한 것을 당연시하고 오랫동안 살아왔다. 그러나 이제는 세상이 좁아져서 그렇게 사는 것이 불편하고 바람직하지 않다고 느낀다. 정부는 예산상의 이유로 대도시에 우선 전기를 공급하니 경제적으로 여유가 없는 시골은 언제 정부의 혜택을 볼 수 있을지 모른다. 알아서 에너지를 확보해야 한다.

태양광에너지가 답이다

가난한 나라의 대도시는 전기 에너지를 공급하는 송전망이 있어 전기를 공급할 수 있지만, 시골 구석까지 송전망을 설치하는 것은 경제적으로 어렵다. 마을 단위로 수력발전을 할 수 있으면 그것도 좋은 방법이다.

10년 전에는 알루미늄판으로 만든 태양광 접시에 태양에너지를 모으고 그것으로 쿠킹 cooking하는 설비가 멋있어 보였다. 많은 단체가 인도, 캄보디아 등에 그것을 설치하고 자랑스럽게 생각했던 것이 떠오른다. 지금은 태양광 패널이 대세다. 커다란 송전망이 별도로 필요

● 태양광 접시 조리기 solar cooker

하지 않다. 아직도 값은 비싸 누군가가 저렴하게 공급해 주어야 하지만, 태양광 패널을 정기적으로 청소해주어 태양광 효율을 높게 유지해야 하는 불편이 있고 태양광 패널과 배터리를 주기적으

로 교체해야 하는 이슈는 있지만 지금으로서는 쉽게 에너지를 얻는 방법으로 생각된다.

전기가 있으면 밤에 불을 밝힐 수가 있다. 컴퓨터나 인터넷을 할 수 있다. 농사를 위해 관개를 할 수 있다. 생산된 농산물을 가공할 수 있다. 전기가 있으면 세상을 변화시킬 수 있다.

● 지금은 태양광 패널이 대세다. 커다란 송전망이 별도로 필요하지 않다.

아직 태양광 패널을 이용한 전기 생산은 상대적으로 비용이 비싸서 수력발전, 화력발전, 원자력발전에 비하여 경쟁력이 없다. 그래서 많은 나라의 정부에서는 보조금을 지급하며 사용을 장려하고 있다. 그러면 기술개발이 촉진되어 가까운 장래에 경쟁력을 가질 정도가 된다고 믿는 것이다. 그런데 개발도상국은 정부가 그럴 여유가 없으니 태양광 패널을 설치하기 더 어렵다.

나무를 땔감으로 사용하는 지역

태양광에너지를 설치해 사용하는 것도 만만치 않다. 그러니 많은 지역에서 나무를 베어와 손쉽게 땔감으로 사용한다. 밀폐된 공간에서 나무를 때어 쿠킹을 한다. 그러면 그을음이 나오는데 이것은 호흡기에 악영향을 미친다. 그래서 효율도 올리고 그을음도 방지할 겸 효율을 높인 난로가 제안되고 사용되고 있다. 적정기술 난로(연통이 있어 그을음을 밖으로 빼주고 연소된 뜨거운 공기가 연통을 통과하는 동안 실내를 덥게 하는 효과가 있다.)는 홍보가 많이 됐다. 몽골과 같이 추운 지방은 난방효과도 있으니 좋은 듯하다.

그런데 아프리카처럼 더운 지방에서는 난로 대신에 목재로 펠렛을 만들거나 숯을 만들어 에너지원으로 사용하기도 한다.

● 적정기술난로

바이오에너지 메탄가스, 바이오디젤

가축의 분뇨 등 유기물을 혐기적●으로 처리하면 메탄가스가 나온다. 우리나라에서도 큰 도시에도 메탄가스 발생 장치가 있다. 얼마나 대형으로 하는가와 얼마나 간단하게 하느냐의 이슈는 있지만 유기물로부터 메탄가스를 얻는 것은 그래서 가정용 취사 에너지로 사용하는 것은 오래되었다. 에티오피아에서도 이러한 메탄가스 장치를 보급하고 있다. 그러면 나무를 때는 것이 줄어들 것이다. 이 경우에 효율을 높이는 것이 중요하다. 원료가 되는 축

● 혐기적 : 산소가 없는 상태 anaerobic, 반대말은 호기적 aerobic

분과 나무 등의 유기물의 조성이 일정해야 일정하게 메탄가스가 생성되므로 이 원료의 조성을 일정하게 해주는 것이 실제 중요하다.

이와 유사한 것으로 식물성기름을 가성소다 NaOH와 반응시키면 디젤(바이오디젤이라고 한다.)과 글리세린이 얻어진다. 디젤은 디젤엔진 연료로 사용할 수 있다. 덴마크 등 유럽의 농촌에서는 바이오디젤을 만들어 농기계를 작동시키기도 한다.

메탄가스, 바이오디젤을 만들 수 있는 기술은 그리 어렵지 않아서 필요한 곳에는 많이 보급된다.

풍력에너지

적정기술제품으로 자전거형 발전기가 소개됐다. 자전거에 올라 페달을 밟으면 그 힘으로 전기가 만들어지고 그것으로 세탁기를 돌린다는 방식이 소개됐다. 무엇인가 바퀴나 프로펠러를 돌리면 전기를 얻을 수 있다.

우리나라 대관령을 지나다 보면 산등성이에 풍력발전기가 줄지어 서있는 것을 보게 된다. 요즈음에 이런 광경은 세계 곳곳에서 볼 수 있다. 예를 들어 에티오피아 아다마에 가면 산에 줄지어 선 대형 풍력발전기를 볼 수 있다. 에티오피아의 경우는 오래전에 외국에서 설치해 준 것이라고 하는데 고장 난 것 같다. 제대로 작동하는 것이 별로 없다고 한다. 유지, 보수를 전제로 하면 바람이 많이 부는 지역에서는 풍력발전을 생각할 수 있다. 그런데 너무

고가고 유지 보수가 문제인 듯하다.

얼마 전 새로운 휴대용 수력발전기를 보았다. 그것은 물이 흐르는 곳이면 사용할 수 있는 발전기다. 발전 용량은 크지 않지만 휴대용 전화기를 충전하거나 컴퓨터를 잠시 사용할 수 있는 수준이라고 한다. 같은 개념으로 휴대용 태양광발전기도 소개되었으며 휴대용 풍력발전기도 곧 소개될 듯하다.

새로운 에너지

원자력 발전은 어떠한가. 오래전에 동남아시아 어느 나라에, 최근에는 아프리카의 케냐에 원자력 발전소를 만들면 어떤가 하는 이야기를 들었을 때 비현실적이라고 하는 느낌을 받았지만 곰곰 생각해보면 일리가 있다고 생각된다. 다른 에너지원이 마땅치 않기에 가장 저렴한 에너지로 원자력에너지를 생각하는 것이 현실적일 수 있는 것이다. 건설과 운영에 필요한 고급인력은 선진국 신세를 진다고 하면, 건설비용도 차관으로 해결한다고 하면 가장 경제적일 수 있다. 장기적으로 소형의 안전한 새로운 형태의 원자력발전 기술이 개발된다면 이상적인 에너지인 듯하다. 최근에는 원자력의 위험을 없앨 수 있는 핵융합발전 기술이 연구되고 있다. 향후 이러한 소형의 안전한 원자력에너지와 핵융합 기술이 개발되면 언젠가는 에너지 이슈에서 자유로울 수 있을 듯하다. 지금도 기술은 개발되고 있다.

생각할 이슈

자연친화적에너지를 사용하는 것이 바람직하다. 그래서 대체에너지를 사용하자는 주장이 있고 운동도 행해지고 있다. 에너지 사용량이 적은 소규모 마을에서는 시도해도 좋을 듯하다. 그 정도라도 전기, 원자력에너지의 사용을 줄이는 것은 의미가 있을 것이다. 그러나 인구가 많은 대도시 그리고 에너지와 연계된 현대 문명사회를 유지하기에는 부족하다. 원자력은 한시적 대안이다. 대체에너지도 한계가 있다. 궁극적으로 어떤 에너지를 개발하여야 할까? 핵융합에너지, 인공광합성과 같은 새로운 개념의 에너지에는 어떠한 것이 있을까?

이산화탄소 등에 의한 지구온난화는 점점 더 심각해지고 있다. 지구 온도는 상승하고 그러면 빙하가 녹아 육지는 점점 더 많이 물에 잠긴다. 이러한 현상이 가속화되면 인류 문명이 지속적으로 지탱하지 못할 것이라는 게 전문가의 견해다. 그런데도 정치적으로는 해결이 될 전망이 없다. 시간을 늦추는 것이 최선인 듯하다. 에너지 사용을 줄여야 한다. 에너지 사용을 줄일 수 있을까? 얼마나 줄일 수 있을까? 지속가능한 발전 목표SDG 중의 하나고 시급한 이슈다.

개발도상국에 가면 여러 곳에서 태양광 패널을 이용하여 전기를 만든다. 그런데 3~5년마다 배터리를 교체해야 하는데 값이 만만치 않다 배터리 수명을 10년 정도로 늘릴 수 있다면 태양광에너지를 공급하기 쉬워진다. 아니면 배터리를 재생해도 좋을 듯하다. 이런 기술개발은 어느 정도 되고 있을까?

집 *House*

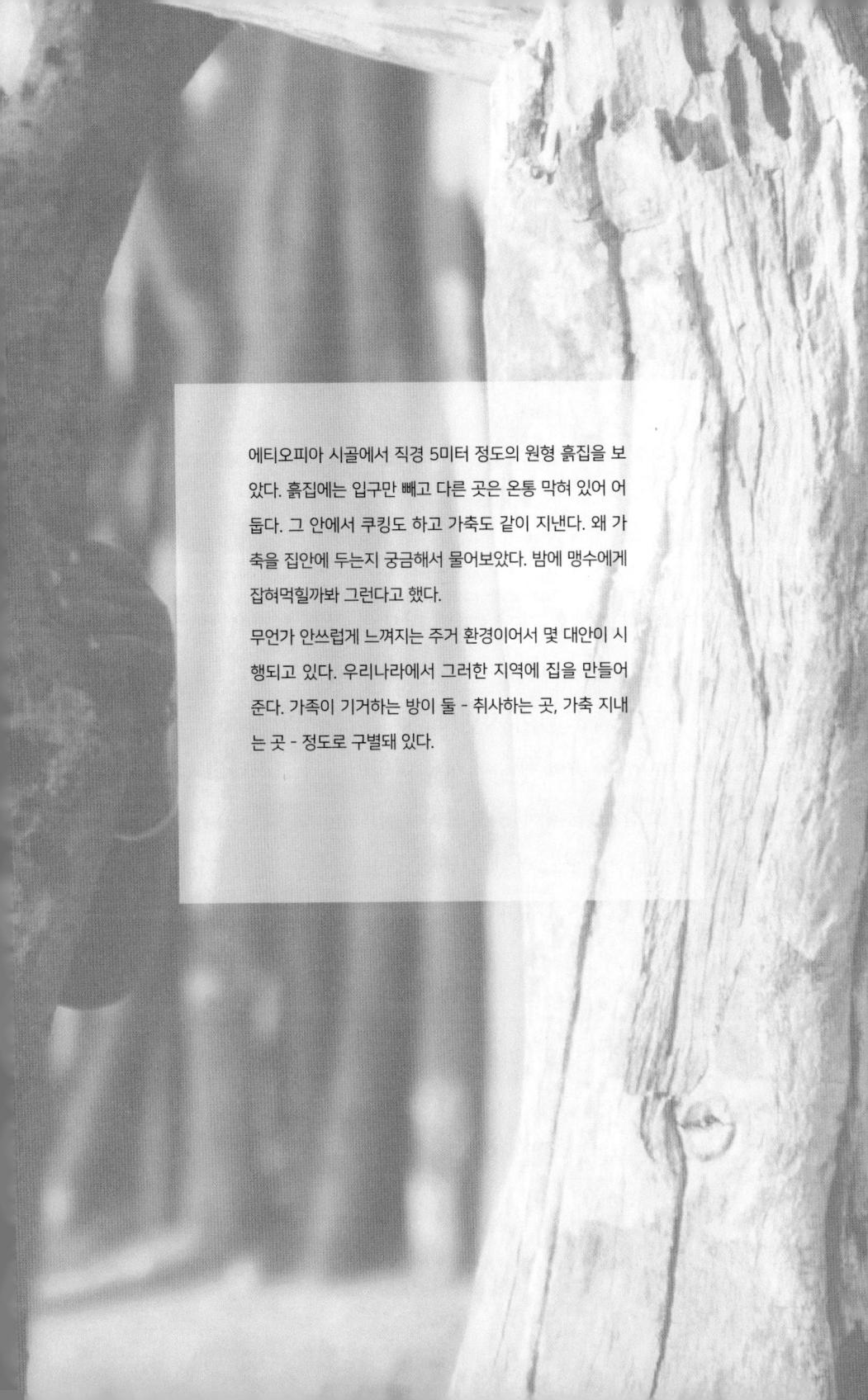

에티오피아 시골에서 직경 5미터 정도의 원형 흙집을 보았다. 흙집에는 입구만 빼고 다른 곳은 온통 막혀 있어 어둡다. 그 안에서 쿠킹도 하고 가축도 같이 지낸다. 왜 가축을 집안에 두는지 궁금해서 물어보았다. 밤에 맹수에게 잡혀먹힐까봐 그런다고 했다.

무언가 안쓰럽게 느껴지는 주거 환경이어서 몇 대안이 시행되고 있다. 우리나라에서 그러한 지역에 집을 만들어 준다. 가족이 기거하는 방이 둘 - 취사하는 곳, 가축 지내는 곳 - 정도로 구별돼 있다.

집

흙집

에티오피아 시골에서 직경 5미터 정도의 원형 흙집을 보았다. 흙집에는 입구만 빼고 다른 곳은 온통 막혀 있어 어둡다. 그 안에서 쿠킹도 하고 가축도 같이 지낸다. 왜 가축을 집안에 두는지 궁금해서 물어보았다. 밤에 맹수에게 잡혀먹힐까봐 그런다고 했다. 무언가 안쓰럽게 느껴지는 주거 환경이어서 몇 대안이 시행되고 있다. 우리나라에서 그러한 지역에 집을 만들어 준다. 가족이 기거하는 방이 둘 - 취사하는 곳, 가축 지내는 곳 - 정도로 구별돼 있다.
꽉 막힌 흙집을 지을지라도 페트PET병을 벽에 꽂게 한다. 그러면 낮에는 햇빛이 들어와 조명 역할을 한다.

● 시골에 있는 흙집

대나무집

대나무로 얼기설기 만든 집이 있다. 바람이 잘 통하니 시원하다. 그러나 대나무가 자연의 미생물 등에 의하여 부식되니 3~4년이면 새로 집을 지어야 한다고 했다. 당연하게 받아들여 그렇게 몇 년에 한 번씩 집을 지으며 살아간다. 부식의 원인이 미생물에 의한 것이면 미생물의 해를 막을 조치를 하면 집의 수명이 두세 배는 될 터인데 생각이 든다.

대나무집 대신에 시멘트 벽돌집에 살면 부자라고 여겨 마을에는 시멘트 벽돌집이 들어서기 시작했다. 시멘트집이 대안일까?

● 대나무집 (위) 대나무집 안에서 요리를 한다.(아래)

건축 자재

부르키나파소 등의 외곽지역에는 진흙을 그대로 벽돌 모양으로 찍어내고 말려서 집을 짓는 경우가 많았다. 흙집이니 비가 많이 오면 오래 못 간다. 그러면 다시 집을 짓는다. 그러나, 별다른 대안이 없으니 그들은 여전히 그렇게 했다.

오래전에 한동대학교에 주택 전문가가 한 분 계셨다. 모임에서 몇 번 만났데 어느 날 저세상으로 떠났다는 안타까운 소식을 접했다. 지역성을 고려해 그 지역에서 얻을 수 있는 진흙 등의 자재로 단단하고 좋은 집을 지어 보려고 여기저기 다녔던 분이다. 그분은 떠났지만, 어떻게 하면 단단한 집을 지을 수 있을까가 우리에게 남겨진 과제다.

화장실

집을 지을 때 생각해야 하는 것은 화장실이다. 대도시의 수세식 화장실은 물 사용량도 많아 친환경적이 아니다. 물도 별로 없는 지역에서는 위생을 생각하는 친환경화장실이 필요하다.

또 분뇨를 그냥 버리는 개념이 아니라 자원으로 활용한다는 개념의 화장실이 있다. 대변은 주로 유기성 물질이므로 미생물처리를 하면 유용하게 사용할 수 있는 에너지나 물질로 만들 수 있다. 대표적인 것이 메탄에너지를 얻는 것이다. 일본에서는 소변에서 인(포스페이트) 자원을 회수하는 기술을 개발했으며 우리도 오래전부터 소변에서 치료용 단백질을 회수했다.

생각할 이슈

흙집이 빗물에 쓸려내려가는 것을 막으려면 어떻게 해야 할까? 우리나라 흙집처럼 볏짚 같은 것을 섞어 넣거나 송진, 옻칠 등 나무에서 얻을 수 있는 천연 접착제 개념을 활용하면 덜하지 않을까 생각이 든다. 나무나 풀 성분의 하나는 리그닌이다. 나무나 풀을 잘 가공하여 진흙과 섞으면 단단한 집을 지을 수 있을지 모른다. 정식 벽돌을 만드는 것은 에너지와 설비가 필요하겠지만, 시골에서 쓸 수 있는 간단하나 단단한 벽돌을 만드는 기술은 없을까?

지진 등의 재해로 집을 잃어버린 경우 임시로 거처를 마련해야 한다. 우리나라는 그러면 체육관과 같은 넓은 장소에 텐트를 치거나 조립식으로 임시 주택을 만든다. 조립식 주택에는 어떤 것이 있는가? 개선할 수 있는가? 현실적으로 집의 수명과 경제성 그리고 설치의 용이성 등을 생각하면 아직 해야 할 일이 많은 듯하다.

농업 *Agriculture*

먹고 살 수 있는 식량을 생산해야 한다. 또 시장에 내다 팔 수 있는 농작물의 생산도 중요하다. 돼지나 닭 같은 가축을 키우는 것도 중요하다.

최근에는 스마트폰과 인터넷의 보급으로 아프리카 시골에서도 그 지역에서 생산된 농산물을 인터넷을 통하여 팔고 돈을 받는 세상이 되었다.

농업 전문가

먹고 살 수 있는 식량을 생산해야 한다. 또 시장에 내다 팔 수 있는 농작물의 생산도 중요하다. 돼지나 닭 같은 가축을 키우는 것도 중요하다.

최근에는 스마트폰과 인터넷의 보급으로 아프리카 시골에서도 그 지역에서 생산된 농산물을 인터넷을 통하여 팔고 돈을 받는 세상이 되었다.

우리나라 등에서 현지에 파견된 봉사 요원 중에 농업 전문가는 많지 않다. 그냥 시민운동가든가 봉사자든가 선교사 등이다. 시골로 가면 주민과 친구가 되는 것이 시작이다. 그래서 주민들이 열심히 일해 잘살아 보겠다는 마음을 갖도록 하는 것이 시작이지만, 그다음에는 같이 일하는 것이다. 몇 가지 기본 기술을 익히면 좋다. 농업기술과 축산기술은 기본이다. 하지만 매우 다양하여 여기에서 설명하기는 쉽지 않다. 그러나 지금까지 보고 들었던 이슈의 제목이라도 공유하면 좋겠다.

예를 들면, 제대로 하면 퇴비화 과정 중에 퇴비 온도가 50~70도로 상승하여 병원균 등이 다 죽는다. 그렇게 못하면 병원균, 벌레의 유충이 살아있어 피해를 준다.

가축 사료의 영양 밸런스를 맞추어야

소나 돼지를 키울 때 영양분이 충분하지 못하거나 탄소C, 질소 N 영양분의 밸런스가 맞지 않으면 성장을 잘 못한다. 그래서 조그맣게 자라거나 삐쩍 마른 상태로 자란다. 인도네시아에서 들은 이야기다. 인도네시아에서는 소가 삐쩍 말라 있다. 호주인들은 그 소를 수입해 사료를 잘 주면 살이 잘 찐, 값나가는 소가 되어 비싼 가격으로 되판다고 했다.

농산물 가공기술이 중요하다. 망고가 아무리 많이 있어도 팔아야 돈이 된다. 금방 팔 수 없으면 건조하거나 통조림으로 만들거나 가공해 보관해야 한다. 농산물이 썩지 않게 보관하고 가공하는 기술이 필요하다. 식품 공학을 전공한 전문가가 필요하다. 어느 단체에서는 망고의 보관기술이 마땅치 않고, 금방 판매할 수도 없는 상황을 보고 망고 건조 장치를 만들어 주었다. 태양열을 이용하면 어렵지 않게 건조 장치를 만들 수 있다. 그러면 또 판매할 수 있는 유통망과 연계돼야

● 삐쩍 마른 소

한다는 문제가 남는다.

마케팅/판매가 중요하다. 상품의 가치를 높여 팔아야 한다. 그렇게 하기 위해서는 포장, 제품디자인 기술도 필요하다. 봉사자의 역량을 넘어서는 경우가 많다. 전문가 또는 식품기업과 협력해야 한다. 판매망을 갖춘 기업, 특히 다국적 기업과 연계되면 좋다. 그런 기업과 연계할 수 있는 역량이 있는 이들이 최전선에 있어야 하는데 그렇지 못한 경우가 많다.

생각할 이슈

세계 각지에서 농민들은 열심히 농사지어 생산물을 판매한다. 그것이 여러 단계의 유통 과정을 거치면서 값이 비싸진다. 그러나 농민들은 여전히 가난에서 벗어나기 어렵다. 개인이 생산하는 농산물의 양도 제한적이고 값도 싸기 때문이다. 이러한 상황을 안타깝게 여기는 이들이 있어 어떻게 하면 농민들의 수입을 늘려줄 수 있을까 생각하지만 그래서 착한제품이라는 용어가 생겨났지만 영향력이 크지 않다. 착한제품을 영향력있게 하려면 어떻게 해 하는가? 예를 들어 착한커피fair trade coffee 정신을 시장 전반으로 확산하게 할 수 있을까? 세계에서 생산되고 거래되는 커피량은 매우 많다. 그러나 그중에서 착한커피라는 이름으로 유통되는 커피량은 매우 적다. 커피의 가격을 낮추거나 농민들에게 돌아가는 수입을 늘리기에는 역부족이다. 착한커피라는 이름으로 유통되어 몇몇 뜻있는 이들만이 애용하는 정도로 만족해야 하는지 아쉬운 느낌이 든다.

농업에서 중요한 것은 농산물의 수확량을 늘리는 것, 보관하고 가공할 수 있는 기술을 개발하는 것, 판매할 수 있는 마케팅 (글로벌 마케팅 포함) 능력을 개발하는 것 등이다. 농업, 가공, 마케팅 전문가가 어떻게 같이 참여하고 협력할 수 있을까? 아프리카 전역에서 생산된 농산물은 저장하거나 가공할 방법이 없어 그냥 쓰레기가 되는 경우가 많다. 저장, 가공 시설의 개발과 설치를 사회적기업의 비즈니스로 할 수 있을까? 마케팅을 어떻게 효율적으로 할 수 있을까?

교육 *Education*

넬슨만델라과학기술대학 입구에 있는 넬슨만델라 흉상에 새겨진 글

교육은 개인을 발전시키는 위대한 엔진이다. 농부의 딸이 의사가 되게 하고, 광부의 아들이 광산 사장이 되게 하고, 농부의 아이가 한 나라의 대통령이 되어 위대한 국가를 만들게 한다.

Education is the great engine of personal development. It is through education that the daughter of a peasant can become a doctor, that the son of a mine worker can become the head of the mine, that a child of a farm worker can become the president of a great nation.

(Nelson Mandela)

위대한 엔진

저자는 대학생일 때 서울 연희동 달동네에서 야학 교사를 했다. 대학을 졸업하고 회사에 근무할 때도 구로동에서 야학 교사로 활동한 적이 있다. 당시 많은 젊은이가 가난의 대물림을 이겨내려면, 자기가 무시당하지 않으려면 공부하는 것이 현실적인 방법이라고 생각해 가난한 이들이나 공업단지에서 일하는 직공을 대상으로 야학 교사를 했다.

그 이후 교수가 된 이후에는 대학 교육을 통해 인간적이고 훌륭한 인재를 배출하는 것이 중요하다고 생각했다. 그런 생각으로 교육 관련 일에 참여했다. 공학교육학회에서 활동하고, 대학 교무처와 입학처에서 보직도 맡았다. 그러다 보니 공무원 교육에도 참여하게 됐다. 몇 년 전 유엔의 사회경제국 국장을 방문해 유엔의 역할에 대해 논의했다. 유엔의 정신을 각 나라에서 구현하는 데는 공무원의 역할이 중요하고 따라서 공무원을 교육하는 것이 필요하다는데 생각을 같이 했다. 그 방법의 하나로, 특히 개발도상국 공무원 교육에 인터넷 등을 활용하면 장점이 많을 것이라고 했다.

가난한 나라의 문제를 해결하는 방법으로 교육이 가장 중요하다. 우리나라의 발전도 교육이 중요하다는 생각으로 부모들이 어떻게든 자식은 공부시키겠다는 마음, 배워야 가난에서 벗어날 수 있다는 절박함에서 시작된 것으로 볼 수 있다.

교육 방법

교육의 시작은 정신교육, 가치관교육이다. 열심히 공부하겠다는, 열심히 일하겠다는 마음가짐을 갖도록 하는 것이 시작이다. 그러려면 인간을 이해하고 사랑하는 정신이 필요하다. 기초역량과 전문역량을 갖추는 것은 그 다음이다.

오늘날과 같은 4차산업혁명시대나 과학기술사회에서는 모든 것이 연계되어 있고 융합되어 있으므로 단순한 지식이나 기술보다는 변화하는 환경에 대응할 수 있는 창의성, 협동심이 중요하다.

이제는 교육 여건이 많이 좋아졌다. 얼굴을 보며 하는 교육이 좋지만, 인터넷으로도 어느 정도 교육 효과를 볼 수 있다.

모든 이들을 다 교육하는 것은 무리일 수 있다. 그렇다면 지도자 교육이 우선이다. 지도자들이 올바른 마음을 갖고 노력하면 그 지도자를 보고 많은 이들이 좇아올 것이다.

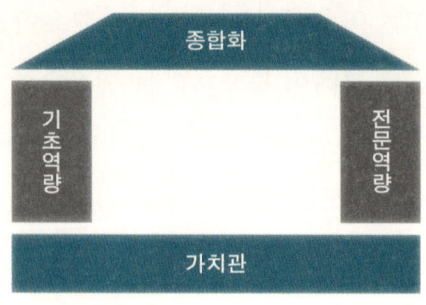

● 교육 단계 모식도

가치관 : 나라사랑, 인간 존중 등
기초 역량 : 창의성, 비판적 사고, 발표력, 협동심 등
전문 역량 : 전공 분야 능력
종합화 : 설계, 문제 해결, 사업 계획, 정책 등

봉사자 교육

가난한 나라의 교육도 중요하지만, 봉사자를 위한 교육도 동시에 중요하다.

가난한 나라의 문제를 이해하다 보면 글로벌 문제를 생각하게 된다. 또 가난한 이들을 돕겠다고 하는 것은 인문학교육이다. 지역의 문제를 찾아 해결 방법을 생각하는 것은 문제해결 중심의 창의성교육이다. 혼자 할 수 있는 것이 아니라 여럿이 힘을 합해야 한다는 것을 알게 되는 팀워크 훈련이다. 지속가능하게 하려면 경제적인 면, 사회적기업과 연계해야 함을 느끼는 것은 경영학공부이다. 이렇게 보면, 적정기술을 모델로 하는 교육은 이상적인 교육이어서 많은 학교에서 이루어지면 좋겠다. 그래서 2019년부터 교육을 체계 있게 하려고 설립한 (사)국경없는과학기술자회의 '적정기술아카데미'는 좋은 시도다. '적정기술아카데미'는 막 시

● 제1회 국제개발 리더십을 위한 청소년 적정기술 아카데미. 지금은 미래의 지도자인 청소년들에게 대한민국을 이끌고 갈 균형 잡힌 배려의 리더십이 필요한 때다.

작되었다. 청소년, 대학생, 교사, 교수, 일반인, 선교사 등에게 적정기술을 소개하는 것이 주목표다. 현재는 소규모로 진행되지만 글로벌한 적정기술 관련 정보를 모으고 나누며, 국내뿐 아니라 외국에서도 교육할 수 있고, 인터넷으로도 교육할 수 있을 정도로 발전되기를 기대한다.

학생들은 봉사를 가서 무엇을 할까

일반적으로 농촌의 마을로 가서 학교를 방문해 학생들에게 문구류를 제공하고 학생들과 하루 정도 같이 놀아 준다. 노후학교 담벼락에 페인트를 칠하고 시설을 손볼 곳을 찾아 손질한다. 그러면서 기념사진을 찍고 온다. 그런 봉사를 경험한 학생들은 가난의 문제를 돌아보고, 지구촌 다른 나라의 상황을 이해하고 좋은 일 했다는 기쁨을 맛본다. 학생들은 이 정도만 해도 일생을 두고 못 잊을 경험을 하는 것이다. 그러나 누구를 위한 봉사인지, 이 정도면 쓸만하게 기여했는지 한 번 더 숙고하면 좋을 듯하다.

대학의 역할

이러한 교육이 제도권 안에서 이루어지는 것이 바람직하다. 정규교육의 틀 안에서 통합교육을 통하여 인간존중의 정신, 글로벌한 감각 등을 익히는 것이 바람직하다. 청소년들에게는 STEAM(Science, Technology, Engineering, Art, Mathematics)이라는 교육이 소개되고, 공과대학에는 설계 교과목이 종합적인 교과목으로 1~2학년이나 4학년에서 제공되니 이들과 연계시킬 수 있으면 좋다. 다행히 최근에 『적정기술의 이해』 교재도 발간되어 과거보다 쉽게 교육할 수 있게 되었다. 우리 학생들만 배워서는 안 된다. 인터넷을 통해서도 공부할 수 있는 방식이 필요하다.

생각할 이슈

교육의 기회를 많은 이들에게 제공하려면 무엇이 필요한가? 많은 이들이 초등학교를 세우고, 중고등학교에서 봉사하며, 대학설립과 운영을 위해 노력하고 있다. UN 산하의 유네스코 UNESCO는 교육에 관심이 크고 활동한다.

이런 노력이 충분한지, 효과적인지 생각해보자. 어떻게 해야 제대로 된 교육을 모든 이에게, 특히 가난한 지역의 이들에게 제공할 수 있을까?

특별히 적정기술과 관련된 내용을 어떻게 전달하고 교육할 수 있을까?

우리는 이런 일을 하기에 잘 준비했는가? 그래서 상대방의 자존심을 세워 주며 실제 도움 될 일을 하고 있는가? 지속가능하게 일을 하고 있는가?

왜 우리가 이런 문제에 관심을 갖는가? 해당 국가 공무원의 업무일 텐데 왜 그들은 이런 문제에 관심이 적을까? 우리는 언제까지 이런 이슈에 관심을 가져야 하는가?

에필로그
적정기술이 만드는 아름다운 세상을 향하여

10개 국가를 탐방한 이야기지만 서로 공통점이 있다. 그래서 같이 종합하여 생각하면 몇 이슈를 생각할 수 있다.
세상에는 아직 수십억의 인구가 가난, 질병, 전쟁 등으로 어려움을 겪고 있다. 프란체스코 교황도 2019년 부활절 메시지를 통하여 세상 여기저기서 일어나는 어려움에 대하여 언급했다. 세상은 나 혼자 사는 것이 아니고 더불어 사는 것이다. 어려운 이들의 고통을 십시일반으로 나누고 덜어주려는 노력이 있어서 세상에 희망이 존재하는 것은 아닐까.
한 단체나 조직이 모든 것을 다 감당할 수 있는 것은 아니다. 유엔, 월드뱅크 등 글로벌한 기관은 글로벌한 관점에서의 역할이 있다. 정부도 역할이 있다. 국가는 자국민을 먹여 살리고 행복하게 해 주어야 한다. NGO의 역할은 아직 정부의 손길이 미치지 못하고 있는 부분에 대하여 목소리를 내고 힘을 보태는 것이다. 세상을 바꾸기에는 역부족이라고 생각하면 안 된다. 작은 노력이 보태져서 큰 변화가 생기는 것이다. NGO는 당장 어렵고 소외된 지역을 돌본다. 그러나 빵을 갖다 주고 물고기를 주는 것은 한계가 있는 것이니 지속가능한 방법을 추구해야 한다. 물론 난민이나 재해로 인한 피해자에게는 당장 먹을 물과 빵 그리고 잠자리를 제공해야 한다. 이런 과정에서 좋은 일을 하는 이들은 행복을 느낀다. 동시에 세상의 한계도 느낀다.

지하철역에서 본 시가 마음에 와닿아 소개한다.

나 하나 꽃 피어

조동화

나 하나 꽃 피어
풀밭이 달라지겠냐고
말하지 말아라
네가 꽃 피고 나도 꽃 피면
결국 풀밭이 온통
꽃밭이 되는 것 아니겠느냐

나 하나 물들어
산이 달라지겠냐고도
말하지 말아라
내가 물들고 너도 물들면
결국 온 산이 활활
타오르는 것 아니겠느냐

NGO들은 다양한 지역에서 최선을 다하고 있다. 나라마다 그러한 NGO가 무척 많다. 지역마다 문제는 많지만 크게 보면 대동소

이하다. 그런데 몇 곳을 돌아보며 소통과 협력이 잘 안 되고 있다는 느낌이 들었다. 문제를 공유하고 경험을 나누며 협력한다면 분명 지금보다 사업을 효율적으로 할 수 있을 것이다. 물, 에너지, 농업 문제 등을 같이 해결하면 혼자 하는 것보다 힘도 덜 들고 효과도 좋을 것이다. 현지의 대사관, 코이카 사무소 등이 중심이 되어 연계하면 좋을 것 같다.

적정기술과 관련하여 제공하는 이들은 많은 것을 배우고 느낀다. 세상의 빈곤 이슈를 이해하고 문제를 해결하기 위한 노력을 하며 보람을 느낀다. 봉사를 받는 이들은 무엇을 느낄까? 제공되는 깨끗한 물과 에너지를 받는 이들은 무엇을 느낄까? 고마움을 느끼고 무엇을 느낄지 받는 이의 관점에서 생각하는 것은 의미가 있을 것이다. 스스로 문제를 해결하려는 자세가 모든 것의 시작이다. 친구가 어려울 때 옆에 있어 주는 마음이 필요하다. 내 만족이 아니라 주는 이, 받는 이 모두 만족할 수 있는 자세가 필요하다. 혼자서 할 수 있는 것은 별로 없기에 여럿이 힘을 합해야 한다. 여러 단체가 힘을 합하고 지혜를 모아야 한다. 다양한 분야의 인력이 협력해야 조그만 것 하나라도 제대로 이룰 수 있을 것이다. NGO가 어느 마을에 들어가 물과 에너지를 제공하고 농사를 도와주면 다 되는가? 그렇지는 않을 것이다. 목표를 잘 설정하고 주민들이 스스로 일어설 수 있게 하려면, 그러한 세상을 이룩하려면 무엇을 해야 할지 깊이 생각하고 행동해야 한다.

이러한 모든 것의 시작은 교육이다. 교육에서도 가치관교육이나 정신교육이 중요하다. 가치관은 어떻게 길러지는가? 그것은 인문학교육을 통해서다. 인간과 사회를 이해하고 인생을 사랑하는 마음이 쌓여서 개인의 목표를 정하고 그에 따라 노력하는 것이다. 우리 사회는 교육을 제대로 해야 한다. 교육은 사회발전의 원동력이고 중장기적으로 가장 중요하기 때문이다.

나와 이웃을 위해 열심히 일하겠다는 마음이 있으면, 다음은 구체적으로 어떻게 살 것인가다. 물과 에너지 그리고 소재를 필요로 하는 이들을 위해서 우리는 기술을 개발한다. 최근에 기술은 더 높은 기술개발이라는 목표를 향해 그 자체로 끊임없이 달려간다는 느낌이다. 기술 자체는 가치가 없다. 그런데 기술개발 초기에는 값이 비싸서 가진 자와 부유한 국가의 국민만 혜택을 본다. 그래서 사람들은 누구를 위한 기술개발이냐고 묻기도 한다. 시간이 가면 비용이 싸져서 많은 이들이 혜택을 본다고 답하지만, 이제는 기술개발 초기부터 가난한 이도 신기술의 혜택을 보면 좋겠다. 그러려면 국가가 역할을 해야만 한다.

우리나라의 연구재단에도 사회문제해결형 연구개발 과제가 있다. 미국의 빌게이트재단에서는 가난한 이들의 문제, 질병의 문제 해결을 위한 기술개발에 투자한다. 반갑고 고마운 일이다. 이제는 적정기술을 위해 조직적이고 체계적으로 기술을 개발해야 한다. 몇 과학기술자가 가끔 관심을 가지는 정도로는, 적은 연구비로는 한계가 있다. 그런데 이러한 기술의 연구개발에 집중하는 연구소는 보이지 않는다. 개인과 회사의 연구결과를 활용하는 수준이다. 현지의 문제를 해결할 연구개발에 전념할 수 있다면, 그러한 센터가 있어 세계의 전문가를 연계시켜줄 수 있다면 분명 필요한 기술은 신속하게 개발되어 현장에 적용될 수 있을 것이다. 이러한 예로, 백신의 경우 국제백신연구소가 있어 어느 정도 역할을 하고, 빌게이트재단은 이러한 연구개발 사업을 지원한다. '글로벌적정기술연구소(가칭)'의 설립과 운영을 기대한다. 이를 위해서 네트워킹하고 협력할 수 있는 장인 '세계적정기술컨퍼런스World Congress of Appropriate Technology' 같은 것도 필요하다.

세상 모든 것에는 경제 논리가 중요하다. 특히 지속가능한 개발을 원할 때는 나름대로 경제 논리가 필요하다. 경제적인 이익을 추구하는 조직이 기업이다. 좋은 일을 지속적으로 하려면 사회적기업이 필요하다. 선한 마음만으로는 한계가 있기 때문이다. 여기에 기업가 정신, 경제 논리가 더해진 사회적기업이 물과 에너지, 농업 문제를 지속가능하게 해결할 수 있는 것이다. 우리는 이러한 기업을 사회적기업social enterprize이라고 한다. 명칭이야 어떻든 적정기술을 개발, 보급하고 지역사회를 발전시킬 수 있으면 된다. 여기에 고용문제를 일부 해결하면 금상첨화다.

위에서 언급한 이슈들을 단기간에 해결하기에는 너무 복잡하게 얽혀있고 어려움이 많다. 어떻게 생각하면 해결은 더 어려워지고 있는 느낌이다. 그렇다고 손 놓고 있을 수만은 없다. 우리의 사회 구조는 부익부 빈익빈이 심화되고 있다. 물질 위주의 사회가 더 심해져서 인간성은 회복되기 어렵고, 대량 생산과 과소비문화도 더 심해져 환경이 파괴되고 지구온난화는 피할 수 없는 이슈가 되는 등 인류의 종말이 우려되는 시점에 이르렀다. 이럴 때일수록 지구촌 한 가족이라는 마음을 가져야 한다. 우리가 같이 잘 살기 위해서는 우리 주위의 이웃에 관심을 가져야 한다. 우리 사회의 인간존중 마음을 회복하고 지구에서의 인생을 행복하게 그리고 의미 있게 만드는 일에 많은 이들이 동참할 수 있기를 기대한다.

참고자료

다음의 도서, 관련 단체/기관, 대학의 홈페이지를 참고하거나 인터넷으로 검색하면 기초 자료를 얻을 수 있다.

도서

『국경없는 과학기술자들』 (뜨인돌 출판사, 2013)

『적정기술의 이해』 (7분의 언덕, 2018)

『적정기술 100선』 (국경없는과학기술자회, 비매품)

『교육이 바로 서야 우리가 산다』 (도서출판 오래, 2012)

관련 단체/기관 홈페이지

국경없는과학기술자회

적정기술학회

나눔과기술

굿네이버스

가나안 세계지도자교육원

라파엘 나눔

코이카

한국연구재단

월드뱅크 World Bank

국제개발협력민간협의회 KCOC

유네스코

빌게이트 재단 Miranda & Bill Gates Foundation

대학의 홈페이지와 관련 사이트

서울대 사회공헌단

Design Lab, MIT

찾아보기

BK-21사업 28, 61
Light of Africa 117
NGO 5, 6, 8, 19, 23, 37, 94, 142, 172–174
TPC 29

ㄱ

가축 사료 161
가치관교육 167, 174
간염백신공장 40
고잔Misri Gozan 교수 77
공무원 교육 87, 88, 166
공적개발원조ODA 87, 96
국경없는교육가회 110, 111
국립캄보디아공대 26, 27
국제백신연구소 42, 176
굿네이버스 8, 29, 31, 37, 60, 61, 131, 178
금 채광 80
기아대책본부 103
기업의 사회적 책임 8, 107
김기석 교수 110
김병기 교수 82

ㄴ

넬슨만델라과학기술대학 122, 124, 165
농산물 가공 32, 104, 161
농산물 가공기술 104, 161
농업기술연구소 114

ㄷ

대나무집 18, 155
독고석 교수 140
돼지 축사 16

ㄹ

라살대학 21, 22
라이프 스트로 138
라파엘 8, 44, 45, 49, 178

ㅁ

망고나무 115
메탄가스 148, 149
멤브레인membrane 필터 139
명성병원 104, 105
모링가나무 116
물센터 25, 26, 28, 29
물 처리장 30
미네소타프로젝트 82

ㅂ

바오밥나무 128, 129
바이오디젤 116, 148, 149
바이오자원 20, 78
바이오화학 78
백신 40, 42, 107, 126, 127, 176
봉사자 교육 168
불소 140
비소 30, 31, 68, 140
빌게이트재단 42, 175, 176
빗물 17, 18, 68, 69, 70, 71, 103, 104, 140, 143, 157
빗물 저장시설 104

ㅅ

사마르칸트 86, 91, 92, 94
사파리 투어 127
사회공헌교수회 8, 82
사회적기업 8, 20, 32, 57, 59, 61, 131, 142, 163, 168, 176
산칼로스대학 12, 20
삼파귀타 16, 17
새마을운동본부 102
샌드필터 17, 18, 29, 138, 139, 143
생명공학연구소 68, 76
세라믹 필터 30, 139

솔라카우 118
수력발전기 150
수은 80
수초 54, 55
수출입은행 96
수파누봉대학 61
시바의 여왕 99, 105, 106
시스와 박사 76
실크로드 91, 92, 93
심포지엄 13

ㅇ

아다마과학기술대학 101
안규리 교수 44, 49, 82
안성훈 교수 122, 123, 126, 127
앙코르와트사원 34-36
양곤공대 47, 48
양곤대학 46, 47
에너지지원센터 8, 63
연구재단 73, 127, 175, 178
염소 소독 141
원자력 발전소 60, 150
유네스코 51, 171, 178
유칼립투스나무 116
윤제용 교수 23, 82, 140, 141
의료봉사 44, 45, 49
이성범 센터장 52, 61
이스탄불 선언 45
이영란 센터장 63
이장규 교수 102
이철용 목사 19
이호용 교수 15, 103, 110, 116
인도네시아대학교 77
일가가나안센터 119

ㅈ

장기이식 45, 46
장수영 교수 23
적정기술 난로 148
적정기술아카데미 168
적정기술의 이해 170, 178
지구온난화 78, 151, 176

지구촌기술나눔센터 73
지도자 교육 16, 167
지속가능한 발전 목표 151
지역개발부서 22
집단이주마을 19

ㅊ

착한 커피 57
천명선교회 12
청렴 교육 88

ㅋ

카사바 103
카이펜 52, 54, 55, 56
캄보디아원조단체협의회 32
커피 57, 76, 78, 80, 81, 100, 102, 141, 163
커피나무 80, 81
킬리만자로산 121, 122

ㅌ

탄자니아적정기술거점센터 122
태양광발전소 107, 123
태양광 접시 146
태양광 패널 31, 59, 131, 136, 146, 147, 151

ㅍ

표준화 131, 142
풍력발전기 149, 150
프란체스코 교황 172
플레이 펌프 136

ㅎ

하롱베이 71, 72
한국과학기술연구원 78
한국-라오스 적정기술센터 52
한무영 교수 68, 70, 140
행복 42-44, 64, 107, 172, 173, 177
행복마을 107
황토집 112
흙집 153, 154, 155, 157

(사) 국경없는 과학기술자회 로고

(사)국경없는 과학기술자회
Scientists and Engineers Without Borders
http://www.sewb.org

뜻 : 조그만 점(노력)이 모여 아름답고, 완전한 지구(촌)가 된다.